潜入ルポ

中国の女

エイズ売春婦から
大富豪まで

福島香織
Fukushima Kaori

文藝春秋

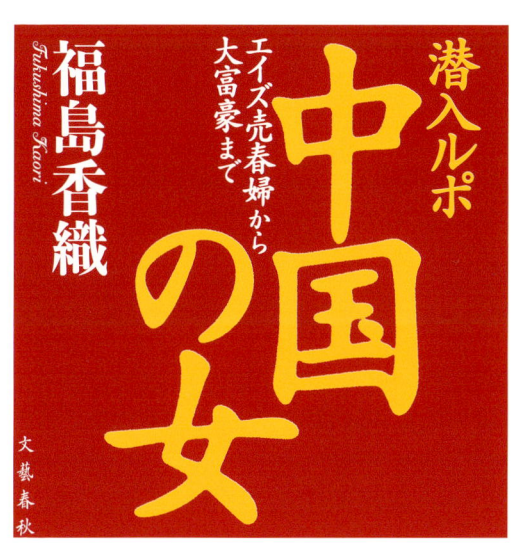

はじめに――「婦女能頂半辺天」

中国の女は強い。

過去には江青女史のような最高権力に王手をかけた女性もいた。往来で怒鳴り合うように喧嘩もしている。死の病に瀕しても子を産もうとする。体を売っても成り上がっていこうとする。実業家として成功し世界屈指の金持ちになる女性もいる。男性の肉体労働者にまじって道路工事現場で働く女性もよく見かける。一人っ子政策という産児制限の中、男の子を産み当てるまで罰金を払ってでも何度も妊娠し出産する。国家安全部の脅しに屈せず、人権活動を続ける女性もいる。

中国社会科学院が発行する「2010年版社会青書」によれば、一人っ子政策という産児制限下でなお、男児を選んで産もうとする傾向が強く、二〇〇八年の時点では〇〜四歳の男児：女児の割合が123：100にまで広がっている。二〇二〇年には適齢期の独身男性二千四百万人が結婚相手を見つけられない、という。社会の女性不足により、性犯罪や人身売買が増え、女性にもよりストレスを与えることになるのではと心配されている。

しかし、それでも、彼女らはたくましくエネルギッシュに、よりよい暮らしをもとめて戦い続けるのだろう。

新中国建国後、「婦女能頂半辺天」（女性が天の半分を支えている）というスローガンが広まったことで、今の中国社会が男女平等を積極的に肯定するようになったとは思わないが、中国の生命力、強さというものの半分以上が、この国の女性が持つたくましさから発せられていると感じることはある。

本書では農村、都市の底辺、実業界や活動家、知識層……、私が出会った女性たちのそういう姿を見たまま感じたまま描写する（但しプライバシー保護のため一部仮名を使っている。文中顔写真のない人や冒頭の栄華さんなどがそうである）。今までと違う角度から中国が見えてくるのではないか、という予感をもって。

潜入ルポ 中国の女◉目次

はじめに——「婦女能頂半辺天」　1

第一章　エイズ村の女たち

第二章　北京で彷徨《さまよ》う女たち

第三章　女強人《ニイチャンレン》（女傑）の擡頭

第四章　文革世代と八〇后《バーリンホウ》と小皇帝たち

カバーデザイン　征矢 武
カバー・文中写真　福島香織

潜入ルポ　中国の女

エイズ売春婦から大富豪まで

第一章　エイズ村の女たち

「エイズのくせに、ぼこぼこ
子供を産みやがって」と警官に
殴られても、貪欲に、セックスし、
子供を産み、育てる女たちを
どこのメディアも取り上げない……

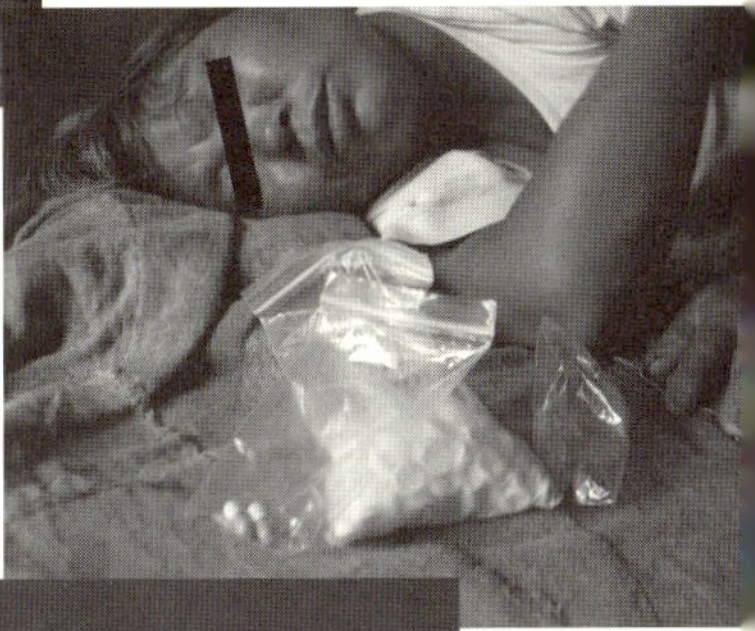

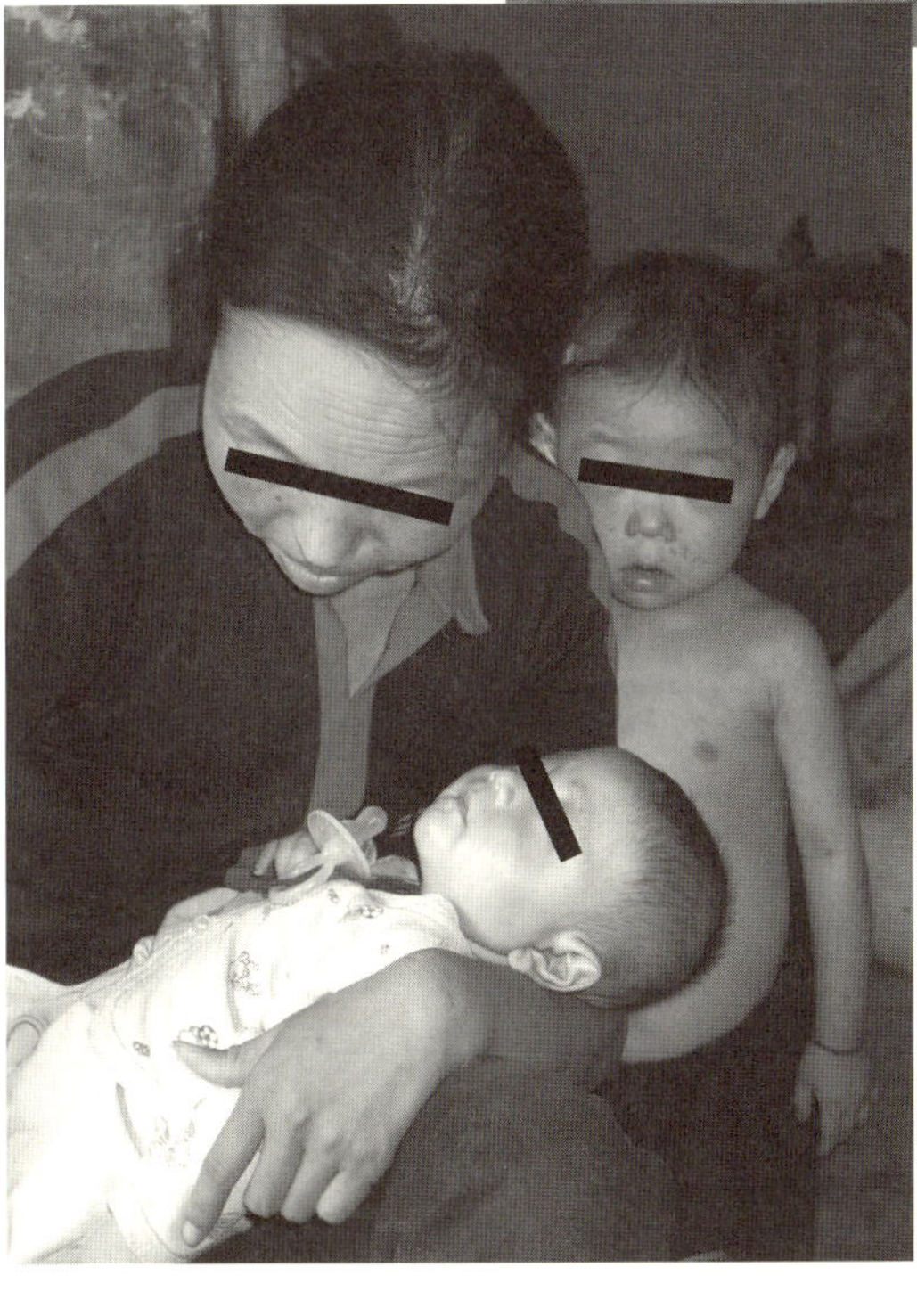

男の子を産まないと、女は一人前と認められないから命をかけて男の子を産む――宗華

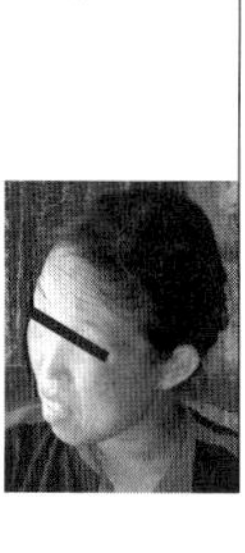

二〇〇五年七月五日、私は河南省上蔡県の文楼村《ウエンロウツン》にいた。吐き気のするような炎天下、人の背より高いトウモロコシ畑の間の細い道を歩きながら、私は早くも疲労困憊《こんぱい》だった。この暑さの中では、村民はみな家の中で昼寝でもしているのか、人影は見かけなかった。風はない。辺りは静かだ。帽子の下で髪が蒸れて地肌がふやけている。その頭皮の内側にある脳味噌がゆだって、ぐつぐつという音が聞えそうだ。額から汗がしたたり、いったん眉毛でとまってから目に入ってしみた。

目をしばたたかせて再び前をみると、中国人フリージャーナリストの呉月《ウーユエ》とその妻の小河《シャオフー》が歩いている。呉月の黒いTシャツも、べっとりとぬれて、長身痩軀《そうく》の背中に張り付いていた。彼の荷物はハンディカムが入った小さな肩掛けカバンがひとつ。パソコンやカメラや必要もないのに小説などを詰め込んだ重い手提げを肩からかけている私よりは足取りが軽い。隣の小河はつば広の麦藁帽子に、花柄のノースリーブとパンツというでたちで、農村旅行にきた都会っ子という風情だ。三人の中で一番肥っているのに、一番涼しげな顔をしている。

疲労を吐き出すつもりで溜息をつくと、呉月が振り向いて、荷物を持ってやる、というジェス

チャーをした。私は素直に手提げを渡した。呉月が長い手で私のカバンをぶら下げて前を歩くと、ぶらんと、カバンの飾り紐が、畑の畦《あぜ》をかすった。草いきれと糞尿肥料の臭いが急に生々しく立ち上った。

畦に視線をやると、てらてら光るビニールのカスのようなものが、雑草の葉の上にからまっている。呉月が「討厭《タオイエン》（気にいらねぇ）……」といってカバンを左手に持ち替えた。「村のやつら、まったく犬と同じだな……」と聞えるか聞えないかのように呟く。振り返ってよく眺めてみて、それが使い終わって捨てられたコンドームであることを知った。この人の背より高いトウモロコシ畑の中で、どこかの男と女が、そういうことをしたのだ。それは、農村の風景としては珍しくもない。炎天下でも青々と繁るトウモロコシのような旺盛な生命力と、恥や後悔を知らぬ欲望への忠実さが、貧しい彼らの無二の強みでもある。

ただ、この村は、他の村と違う。村民の半分がＨＩＶ（ヒト免疫不全ウイルス）キャリアーという通称「エイズ村」なのである。性交で感染しうる恐ろしいウイルス。捨てられたコンドームは、衛生当局が指導するように、きちんと予防をしていることの証明だともいえる。同時に自ら感染していると知りながら性衝動をコントロールできず、挙句の果てに、コンドームも役にたたず、エイズベイビーが生まれ続けている状況の傍証でもある。その実情を、呉月はいやというほど見てきている。捨てられたコンドームは、その数以上の自分たちの欲望を制御できず、死ぬ運命の赤ん坊を産み続けている農村の無知と残酷さを連想させるのだろう。呉月の気持ちは想像がついた。

なぜなら私たちはこれから、エイズベイビーに会いに行くのだから。

蔓延するエイズ

文楼村でエイズベイビーの女の子を取材しないか、という話は突然やってきた。

この村の名前はすでに、中国国内外の報道によって有名になっていた。別名エイズ村。正確には河南省上蔡県芦岡郷文楼村。六つの集落が集まった村民約三千人の村だ。私が最初にその村の名前を聞いたのは二〇〇一年五月のＡＦＰ（フランスの通信社）の報道であったと記憶する。文楼村から七人の村民が北京まで歩いて来て、外国メディアの前で「村民三千百七十人の半分がエイズに冒されている」と訴えた、という記事だった。その原因が九〇年代に広がった〝売血経済〟のせいだ、という。〝売血経済〟つまり農民が現金収入を得るために、自らの血を地元政府に売り、その血を上海や外国の製薬会社に売ることで地域の財政収入とする経済政策のことだ。河南省のような農業以外の産業が発展しておらず人口だけが多い地域にとって、一番手っ取り早く得られる現金収入だとされた。このときの売血のやり方で一番問題であったのは、きわめて不衛生な器具の使用や採血方法だった。農民から繰り返し血液を買っていたため、器具などを通じてウイルスが拡大した、という実態が、続報で明らかになり、国際社会におけるエイズ村の知名度は一気に広まった。

九〇年代末に桂希恩《クイシイウエン》、高耀潔《ガオヤオジエ》といった良心的な医師が現地で調査し、河南省の売血によるエイズ感染実態の深刻さを示すデータを中央に提出したのに、中央当局は、中国国内外のパニックや非難をおそれて、それを隠蔽したことや、それを報道しようとした中国人記者が左遷され、記事が握りつぶされたという話も、次々に明らかになった。河南省の当時の衛生庁長・劉全喜《リウチユンシ》とその一族が売血経済の利権を独占し、農民から絞りとった血を上海の製薬会社に売り巨額の私財を蓄えるなど汚職の土壌になっていたことも明らかになった。

だが、これらを取材し報道したのは主に海外・香港メディアで、中国メディアに対してはエイズ村に関するネガティブ報道を禁じる通達が出され続けていた。

エイズ村のニュースは私が北京に暮らしはじめた二〇〇二年ごろから国際社会の大きな関心事であり続けた。というのも中国はながらく、国内でエイズは外国人が持ち込んだケース以外発生していないと主張してきており、HIVキャリアーに対する入国制限も北京五輪前まで続けていた。ところが実は九〇年代の早くから、国内でエイズ感染が蔓延していた。北京や上海など駐在員や旅行者やビジネスマンら多くの外国人がいる場所で、そういう感染地域からやって来たかもしれない出稼ぎ農民が多く働いており、売春を行っている者も少なくない。中国が想像以上にエイズ感染リスクの高い国であることが明らかになり、国際社会は驚愕したのだった。

二〇〇五年六月、その文楼村について、呉月はふと口を滑らせた。呉夫妻の家で夕食に招かれたときである。彼らの家には槐《えんじゅ》の大木が木陰をつくる立派な庭があった。よい季節になると、その庭にテーブルを出して、ジャーナリストやカメラマンやアーチストや、気の合う友人同士が、夕暮れの移ろいを楽しみながら食べ、飲み、議論する。夕闇が深くなり相手のくわえたばこの火だけが赤い光の点としてみえる夜更けになっても、話が終わらず泊まり込むこともあった。私にとっては彼らの家に行くことは、中国知識人の考え方や本音を学ぶ課外授業みたいなものだった。

その日、私は小河の作ったドライカレーを食べながら、彼は白酒《パイジゥ》の杯を傾けながら、いかに農村が搾取されているか、といった社会の不条理についてひとしきり論議していた。

「中国人は文楼村から血を絞りとり、今なお命を絞り取ろうとしている。利用し尽すっていうのはああいうことだ」と言った。ウェンロウツン、と聞いたことのある名前に耳が反応して、「ウェンロウツンって、あのエイズ村の文楼村？」と聞き返した。ちょっと、躊躇した様子のあとで、「今、定期的に文楼村に通っている」と明かした。「しかし、これはちょっとした人助けで……」と説明しはじめたのだ。

エイズ感染地域の文楼村は、村への出入りが自由でないとされるが、現実には鉄条網で囲われているわけでもなく、道路もつながっている。〇五年の春節には温家宝首相が、文楼村のエイズ患者の家庭を訪れ、エイズ孤児を慰問した。このとき、村につながる立派な道路が舗装されたことも中国紙の記事にあった。呉月はこのころ、とある健康保健食品企業から頼まれて、この村の状況を調査に行くことになった。その企業は独自に開発した免疫力を高める健康ドリンクを、村のＨＩＶキャリアーに飲ませたい、そして実際に、どのくらい免疫力が高まるかデータをとりたい、と言った。呉月は、知的で話がおもしろく、度胸があり、人を乗せるのがうまい。喧嘩があれば仲裁にはいり、儲け話があれば人に紹介する。中国にはそういう人間関係の潤滑油の役割を意識して担い、それによって稼ぎを得る人種がいる。中国には行政や司法が隅々まで機能せず、知識や技術だけではどうしようもない場面がしばしばあり、そういうときは人間関係と交渉術で問題を解決する習慣があるからだ。だから、呉月のようなコンサルタントとネゴシエーターの才能をもつ人材は重宝がられる。

呉月は月に何度か村に入り、企業に代わって、健康ドリンクを飲み続け、月に一回病院で検査を受けてくれる人間を探し、交渉した。そこで数家族との付き合いがすでにできていた。その健康ドリンクの試飲を続けてくれる患者のなかに、エイズの二歳の女の子・妞妞《ニウニウ》がいるという。

「それって、要するに非合法の臨床試験だね」と私が言うと、「いや、薬ではないから。たんなる健康ドリンクで、おれ自身も毎日飲んで半年以上になるけど、悪い影響はない。風邪を引きにくくなったくらいだ。村民によいことはあっても、悪い影響は絶対ないから……」と、珍しく言い訳口調になった。妻の小河が、「あたしも飲んでいるけど、すごく体調いい。お通じもよくなるし」と助け舟を出す。

「何入っているの？」

「猫爪とかだって」

キャッツクロー。猫の爪の形をした刺《とげ》のあるアマゾン奥地原産の薬用樹。インカ帝国の昔から抗炎症剤として使われていたという。ペルー在住の友人からもらって私も一時期飲んでいたことがある。確かに副作用はないと聞いている。

呉月は続ける。

「女の子の体調は、ドリンクを飲み始めるとびっくりするほどよくなった。でも、もっとひどいことがあの村ではいっぱい起きている。なんで、両親ともエイズなのに、子供を産み続けると思う？　君もジャーナリストのはしくれなら、そういう中国の現実を取材しないと……」

呉月の口からこぼれた言葉を私は逃がさなかった。

「連れていってくれるの？」

「ああ、連れていってやる」

この話題に入ってから呉月は、おそらくその気になっていたのかもしれない。
「いつならいける？」と、日取りの相談が始まった。

モンゴル族の女になって潜入

四日の日程を組んだ。夜行と現地の違法営業タクシー（白タク）を利用する。パスポートは持っていくが、私は人前では日本語を決して話さない。日本人とばれたら面倒だ。下手な中国語で不審に思われたら、モンゴル族の作家の小胡《シャオフー》、と名乗ることにした。友達と農村旅行に来たら、うっかりエイズ村とは知らずに迷い込んでしまった、ということにする。小河は「どちらかというと香港人のなまりよねぇ。服装もあか抜けているから香港人の方がいいんじゃない？」と言ったが、広東語は意外にわかる人がいるかもしれない。広東省など沿海部に出稼ぎに行く農民は多いから。広東語を話せといわれて、話せないことがばれてはまずい。さすがにモンゴル語を解する漢族は少なかろう、ということでモンゴル族になることを選んだ。

携帯電話は置いていく。駐在員として使っている普段の携帯電話は、中国当局が二十四時間盗聴している。それは単なる噂ではない。たとえば北京在住の外国人ジャーナリストらと電話で話していると、音声がマンホールの中のようにビンビンと響くことや、肝心な話のときにブチっと切れたりすることがある。いやもっと明確に、盗聴者が会話の途中で割り込んで「そんなくだらない話をするんじゃない！」と怒鳴って、回線を切断することもある。さらにいえば、そういう盗聴されている携帯電話は電源がついた状態ならGPS機能がついており、携帯電話保持者がどこにいるかもつきとめられる、といわれている。もっといえば電源を切った状態でも、携帯電話自身が発信する微量の電波によって、居場所が突き止められる、という噂もある。

そこで中古の安い携帯電話とプリペイド式の新しい電話番号を買ってそれを持っていくことにした。


夕方五時すぎ、北京西駅発の夜行列車に乗り込んだ。風呂に長い間はいっていない人特有の、濡れた子犬の匂いとも形容される濃い体臭と、カップラーメンやスナック菓子の塩気のある食品の匂いと、熟した果物の匂いが混じった人ごみをやり過ごして、なんとか硬臥の指定席までたどりつくと、列車が動きだした。

夜行の旅は長い。呉月夫妻は久しぶりの夫婦旅行、といった気分で通路のベンチに座り、車窓にもたれて仲むつまじく談笑している。消灯までの時間をつぶすため、私は他の車両を歩いてみることにした。

いわゆる二等寝台にあたる硬臥は、農村の人間には高価なので、そんなに混んでいない。硬臥車両にいるのは北京のビジネスマン風の客が目立つ。スーツの上着を脱いで、早くも国産の人工皮革のブリーフケースを頭にあてて横になっている。あるいは優雅な旅行気分で白酒とひまわりの種の袋をあけているコンパートメントもあった。空調がきいているので、酒臭さもそんなに迷惑なほどではない。

しかし硬座つまり二等席車両にいくとがらりと空気がかわる。大きな荷物をもって出稼ぎから戻る男女、夏休みの帰省らしい学生、目つきの危なそうなチンピラ、赤ん坊をあやす農婦。満席で、通路にも立つ人、座り込む人がいた。蛍光灯に照らされた乗客の顔はどことなく不機嫌で不安げで疲れきっていた。唯一にこにこしていたのは、いかにも農村の女らしい母親のたくましい腕に抱かれている赤ん坊だった。私の目をみて、声をたてて笑ったので、こちらも微笑み返す。すると赤ん坊は、こちらの方へ手を伸ばした。その手を握ってやろうか、と私も手を伸ばしかけてぎょっとした。指が六本あったからだ。多指症だ。見たのは初めてだった。同じ車両で別の子供の泣き声がしたので、そちらに目をやるとやはり、少し離れた席に母子が座っていた。こちらの子供は五歳くらいで、母親の膝から滑りおりてぐずっていた。毛のない、つるつるの頭をしているので宇宙人のようだ。どこか様子がおかしい。数秒みつめて、その違和感に気づいた。耳たぶがなかった。

急に動悸がして、急いで自分のコンパートメントの方にもどった。同じ車両に二人も、身体に障害をもつ子供がいたのは偶然だろうか。呉月が通路のベンチに座っていたので、「いま、指の多い子供をみたよ。耳のない子も」と報告した。「ああ、十人に一人くらいは、そういう子供がいるねぇ」と当たり前にように答えた。

「農村は汚染された河や井戸の水をそのまま使うから、水の毒が胎児にたまるんだ」

十人に一人、というのは中国人的誇張表現だとしても、中国では非公式統計で二百〜三百人に一人、先天的に障害をもって生まれたり、死産となったり、という異常出産があると言われている。その割合は世界で最も多いはずだ。専門家は環境汚染が背景にあると警鐘を鳴らしている。河南省には、水質汚染がもっとも深刻な河のひとつとされる淮河《わいが》が流れている。汚染度の高い地域はひょっとすると、呉月の言うように、十人に一人くらいの割合で障害児がいるのかもしれない。そういうデータ中心に頭の中にあった知識が、目の前の事実と合致するのは、なんとも言えない嫌な気分だった。見てはいけないものを見た気がする。農村に行くということは、こういうことなのだな、と改めて思った。かのエイズ村で私は何を見るのだろう。

多指症や耳の欠損くらいなら、日本ならすぐに簡単な手術で治る。だが、農村でそういう障害児が治療を受けることができる機会は少ないのだろう。そんなことを考えながら寝台に横になっていたので、眠ると、夢の中に耳のない宇宙人のような子供の顔が出てきた。つるつるの頭の横顔に黒い小さい穴があいている。子供の泣き声はその穴から聞えてきた。列車ががたんと大きくゆれると夢からさめて、ああ、さっきの子が出てきた、と溜息をついた。そんなふうによく眠れぬまま、夜明け前の五時、ひんやりと薄暗い漯河駅《ルオホー》に到着した。

漯河駅前で白タクを摑まえ三十元（当時一元は十五円ぐらい）と主張するところを十五元に強引に値切って西平県の町まで行ってもらった。二時間は走ったので、さすがに値切りすぎたとおもって二十元払った。呉月が定宿にしている一泊四十元のこぎれいな旅館で二部屋とって、そこを拠点にすることにした。

文楼村は上蔡県にあるが、隣接する西平県の方が都会だし、呉月は西平県の県長や公安局幹部と多少のコネがあった。北京の人間が上蔡県にわざわざ来るのは、「エイズの調査か取材に来たな」と疑われやすいが、河南の交通の要衝の西平県なら外の人間がビジネスに来てもおかしくない。

「ゲリラ的にさっと行って、さっと引き揚げるのがいいのよ。見たいものだけ見せてもらい、聞きたいことだけ聞く。どっちにしても、私は農村に泊まりたくないし」と小河は言った。西平県の旅館の近くの屋台で、一杯〇・五元の麵と一籠一元の饅頭《マントウ》で朝食を済ませたあと、呉月の友人の「張蛋《ジャンダン》」という変わった名の二十八歳のチンピラが運転する白いバンが来た。彼が「早く行って早く帰ってきた方がいい」というので、すぐ出かけた。

文楼村は西平県から一本道で南東に四十キロほどの距離だ。上蔡県県城の目抜き通りを過ぎ、村に続くアスファルトの農道を行く。「去年まではここ、土のでこぼこ道だったそうよ。今年の春節に温家宝首相がエイズ村を慰問したとき舗装したんですって。だからみんな温家宝の道と言っている」と小河が説明する。道の両側に広がる麦畑には無数の盛り土があった。「あれ、お墓だよね」と問うと、呉月は「草が生えてなくて土肌が見えているのは比較的新しい墓だ。一、二カ月前に作られた墓。草がぼうぼうと生えているのは一年以上前の古い墓だ」と答えた。

一時間ほどのドライブの間に、二度、葬送の列を見た。太陽の光にピカピカ光る、カラス威《おど》しのようなアルミ箔の花飾りのついた幟《のぼり》を立てて畑の中を行進している。白装束は一人くらいで、ほとんどが野良着だった。「このへんで一番もうかるのは葬儀屋だな」と呉月がつぶやいた。上蔡県城の目抜き通りに葬儀屋の店がたくさんあったのを思い出した。地方には何度も行ったことはあるが、これほど墓も葬儀も多いところに来たのは初めてだった。

文楼村の入り口が近づくと頭を伏せるように、呉月が言った。

「村の入り口には村長の息のかかった番犬みたいな住民が家を構えている。彼らはよそ者が村に入ったら、すぐに村長に通報するんだ。この車はしょっちゅう村に出入りする地元の車だから問題ないが、都会風の人間が乗っているのを見とがめられると面倒だ」

車は村の入り口をまっすぐ通り抜け、土ぼこりの路地を何度か曲ったあとの突き当たりの比較的大きな家の前の空き地に止まった。そこが、呉月が昵懇《じっこん》にしている村の有力者の家だった。

有力者の名前は力雄《リーション》といった。三十九歳で私と同年代なのに、目つきが鋭く恰幅《かっぷく》がよく貫禄がある。胸の前に組んだ野太い腕をみると、どうみてもやくざ者だった。聞けば、表向き精油工場を経営しているが、むしろ村の仕事もない青年たちの面倒をみて、子分のように使い、トラブルの解決などを請け負うことで収入を得ている、という。やはり、やくざ、農村黒社会の親分といっていいだろう。こういう村では、利害関係の対立やトラブルが発生した場合、頼るのは警察ではなく、彼のような腕っ節が強く、金もあり、人望もある男を中心に組織されている村の若者たちなのだ。中国の最低層の人々は警察を信用していない。警察は敵だ。青年たちは一般に、麻薬売買のような違法な仕事に携わることもあるかわりに、村や県の権力者と村民の利益をめぐって交渉できる力も持っている。もちろん権力側と結託して一緒に村民から搾取する、正真正銘のやくざみたいな連中もいるが。

力雄の誇りは、文楼村の売血エイズ汚染を最初に中央に告発した湖北省・武漢の医師、桂希恩をかくまったことだった。その武勇談を語りだすと止まらない。

一九九九年六月、当時武漢大学医学部教授だった桂希恩が河南に実家のある教え子から「故郷で村民が次々死ぬ奇病がはやっている」と聞き、同月末に初めてこの村を訪れた。米国留学経験がある桂教授は、エイズの症状を熟知しており、現場で実際に患者を診たとき真っ先にエイズを疑った。このとき十一人分の血液サンプルを持ち帰り武漢で検査すると、たしかに十人がＨＩＶ陽性だった。武漢の衛生当局は桂教授から報告を受けるも、桂教授のさらなる現地調査を許可しなかったため、桂教授は三人の学生を連れて隠密に文楼村に赴く。そして希望者百四十人の感染検査をした。半分以上が陽性だった。その後もたびたび村を訪れ、村民の治療や生活への援助を惜しまなかった。しかし、当時、感染実態を必死に隠そうとしていた上蔡県当局は、この桂教授の調査を妨害しようとした。そんな桂教授を応援し手助けしたのが力雄とその仲間たちだという。

「あるときなんか、大勢の警官がこの村を包囲したんだぜ。おれたちは桂教授の手をひっぱって、トウモロコシ畑の中を逃げ回ったよ。おれたちはどうせエイズ患者だ。命は長くない。桂教授のためにに死んでもいいと思った」

呉月が付け加えた。

「今も、彼の子分が上蔡県の警察の前を張っていてくれている。もしパトカーが文楼村の方にくれば、すぐに携帯電話で連絡がくるから、おれたちは警察が到着する前にこの村から脱出できるんだ。彼はエイズの現状をより広く世の中に知らしめることが村にとっていいことだと思っている。でも村長はむしろその反対なんだ。だからおれたちを手伝ってくれている」

「力雄は私が誰で何をしに来たか知っているの？」

「モンゴル族の女流作家だろう？　エイズの女の子の物語を取材に来た」と力雄は答えた。

「その通り」

つまりは、それ以上言う必要はないということだ。

温家宝が村に来て生まれたから「家宝」と名づけたが……

力雄の家からは歩いて、妞妞の家に向かった。睡眠不足のうえにゆだるほどの暑さのなかの徒歩三十分はかなりこたえたが、そこにたどり着いてからの方が心によほどこたえた。

その家は村で一番貧しかった。家に扉がなかった。農村にもすでに普及しているといわれていたテレビもなかった。いや、電灯もなかった。居間にあたる土間には去年の秋に収穫した小麦や雑穀の入った袋と、今年の農作業に使う予定の肥料の袋が積み上げられていた。一年の収穫にしてはあまりに少ない。その積み上げられた袋を背もたれにして、母親の栄華《ロンホワ》は小さな腰かけに座っていた。そげた頬に、生活苦がにじむ。私たちが入ってきたのを見ると、油分のない髪が無造作に束ねた髷《まげ》からバラバラと額にかかるのを、指でよけながら、会釈した。細い目が糸のようになって、それが彼女の笑顔だった。三十二歳だというが、五十歳くらいに見えた。痩せた肩に張りつくような垢じみたポロシャツの衿の色が深紅であったことが、彼女は実は若いのだと教えてくれた。

「おう、元気か？」という呉月の声に、荒い息の合間から、「相変わらずよ」と苦しそうに言った。彼女はエイズの末期だった。

その膝の上には、生後半年ぐらいの赤ん坊が座っていた。手縫いの小さなズボンの股の部分がわれていて、男の子の〝印〟がのぞいている。肌の色が白く、赤ん坊らしい愛くるしい表情で私を見つめ返した。その傍らで、母親の膝にもたれかかるように座り込んでいる裸の女の子が二歳半になる妞妞だった。暑いせいもあるが、一糸もまとわぬ素っ裸だった。

「この子が家宝《ジアバオ》よ」と、母親は誇らしそうに膝の上の男の子に視線をおとした。

「温家宝首相が春節にこの村に来た、その夜に生まれたの。だから家宝と名づけたの」

男の子を抱きなおして頬ずりした。その様子を、妞妞は眉間に皺をよせて、黙って見つめていた。一言の声も出さずうるんだ目で母親を見つめている。泣いているようにも見えた。それは幼児の泣き方ではなかった。胸がつまった。母親の眼中にはエイズの娘の姿は入っていない。

呉月が簡単に私を紹介する。

「こちら、友達でモンゴル族の小胡。農村女性をテーマにした小説を書いているんだ。いろいろ話してやってくれ」

父親の建国《ジエングオ》が、奥から出てきて、私たちに腰かけに座るように勧めると、自分も栄華の隣に腰かけをひいて座った。かすかに安物の酒の匂いがした。こんなに貧しげなのに、酒を買う金はあるのだ。父親は母親の膝にすがっていた妞妞を引き取って抱き上げて話し始める。妞妞は父親の腕の中でむずかった。

「妞妞は生まれたときからＨＩＶ陽性だった。それはおれたちのせいなんだ……」

母親の栄華も父親の建国もエイズを発症していた。それは河南省の農村ではあまりにありふれた話だった。

建国は一九九二年、十七歳のときに初めて血を売った。その頃、血を売らない方が馬鹿だといわれるくらい、農民にとって売血は簡単な現金収入を得る手段だった。バスで二十分の距離にある上蔡県県城の公営の医療採血ステーションに行き、一回八百ccの血を抜く。この血を遠心分離機にかけて、血清成分を分離したあと赤血球成分四百ccを輸血方式で体内に戻す。いわゆる成分採血だが、日本などのようにコンピューター制御された成分採血装置などはない。血液パックも針もチューブも同じ血液型で使いまわし、遠心分離機もこぼれた血液で汚れたものだったという。

一回売血すると五十元もらえた。当時の農村で五十元といえばゆうに月収に相当した。

建国は言う。

「売血希望者はものすごく多いので、ひどいときには前の晩から並ぶんだ。そのうち売血予約の登録費だけで五元もとられるようになった。順番を早くしてもらうために採血ステーションの人に、たばこやら差し入れもしたよ。バス代や食費やそういう費用を差し引くと純粋な実入りは三十五元くらいだ。それでも農作業よりよっぽど金になる。畑をほったらかして、みんな血を売りに行ったさ」

最後の方には血を買い集める血頭《シエトウ》と呼ばれる人間が針とチューブをもって各農家を回って血を集めたので、交通費はかからなくなったが、血頭に家に来てもらおうと、ワイロの額が増えた。学も技術もない農民にとって、最も簡単で確実な稼ぎだった。

その金で九六年に家を建てた。約六千元かかった。すべて売血で得た金だ。単純計算しても四年間で百七十回以上、血を売ったことになる。その年、栄華と結婚した。

「農村じゃ、家がないと嫁はとれない。家を建てるには金がないと。金を得るには血を売るしかなかった。まさか売血でこんな病気になるなんて。エイズなんて病気がこの世にあるなんて、想像もしなかったさ」

話しながらぼろぼろと涙を流して泣きだした。河南人に多い二重の大きな瞳から自分を憐れむ涙が後から後から流れだし、鼻水と一緒に顎から滴った。

その話を聞きながら、栄華は隣で力なく笑った。彼女は建国より二歳年上だった。文楼村から十五キロほど離れた鄭庄という村の出身だ。九〇年に二回売血をしたことがあるが、いわゆるエイズ感染の原因となった成分採血とはちがう全採血だった。本人は「結婚するまで感染していなかったと思う」という。広東省広州市に約一年半出稼ぎに行ったが九三年、二十歳の時に病気の母親の看病のために村にもどった。知り合いの紹介で、二十三歳で建国と結婚した。彼は貧しかったがなかなかハンサムだった。自分が美しくないと思っている栄華は「こんな見栄えのいい人と結婚できることになって、本当に嬉しかった」という。その翌年長女の小芳《シャオファン》が生まれた。小芳は八歳。特に病気の様子もなく成長している。HIV検査はしていない。建国と栄華が、自分たちが恐ろしい病気にかかっていると知ったのは一九九九年、桂希恩教授がHIV感染調査に村を訪れ、村民の血液検査を行ったときだった。

　しかし、このときはまだ事態の深刻さに気づいていなかった。発病は〇三年春。栄華は腕が腫れて治らず、微熱に苦しんだ。そして、そのころ栄華は妞妞を妊娠していた。

　栄華は言う。

「長女が女の子だったから、なんとしても男の子を産まなきゃいけなかったの。それで病をおして産んだのだけれど、でも生まれてきたのは結局女の子で……」

　中国では、七〇年代末から人口抑制政策「一人っ子政策」を導入しているが、農村では一子目が女の子の場合、二子目の出産が許される。三子目は許されないので、二子目が女の子の場合、戸籍を届けず三子目を産むこともある。妞妞の出産を契機に、栄華の病状は悪化した。熱がつづき、関節がはれ、農作業ができなくなった。もともとは肥りじしだったが、みるみるやせ細った。建国も〇三年ごろから体調が悪くなった。力が入らず体を横にしていることが多かった。二・八ムー（一ムーは六・六六七アール）の畑はあっという間に荒れた。〇四年の収穫は、麦とトウモロコシがともに二袋ばかりだった。しかも、栄華はまた妊娠していた。

「なぜ、重い病気で働けないほど具合が悪いのに、妊娠したの？　避妊しなかったの？」

思わず責める口調で聞いてしまった。いや本当は、夫婦ともに農作業ができないほど病が重いのに、セックスする元気があったのか、と聞きたかったのかもしれない。

栄華は口ごもって、「……だって、男の子がほしかったから。今度こそ、男の子が産めそうな気がしたから」と。

家宝を産むために妞妞は戸籍を届け出ていない。いわゆる黒孩子《ヘイハイズ》（闇の子）だった。

二〇〇五年二月、文楼村はおそらく村史上初めてともいえる栄光にみちた春節を迎えた。温家宝首相が慰問に来たのである。毎年春節になると、党中央の指導者は地方を視察にまわる。そして農民の家で餃子を食べた、労働者と歓談した、といったニュースが春節の朝の新聞を飾るのだ。われらが指導者どのは、貧しい人々のことを決して忘れていないのだ、という宣伝である。

文楼村は温首相を迎えるために、上水道がつくられ、道路が舗装された。県からは村民の希望者に子ブタをプレゼントする、と公布された。これを聞いて村民は急いで豚小屋を造った。村の診療所には普段、薬を配る係が一人いるだけだが、温首相の訪問前夜、白衣を着た医師や看護婦がどこからか大勢やってきて、にわかに診療所らしくなった。中国中央テレビと新華社の同行記者を引き連れて温首相がやって来たときは、水道が通り、各家庭に家畜小屋があり、医療サービスの充実した豊かな村が出来上がっていた。いわゆる中国版ポチョムキン村だ。

村がそんな最高の春節を迎えているその夜、栄華は待望の男の子を産み落とした。「温首相がもたらしてくれた男の子だ」。そう思って、幼名を家宝、と名づけた。女へんに丑《チョウ》（中国語でみにくいの意）と書いて妞《ニウ》と読む、女の子、という意味でしかない、ありふれた妞妞という名前とはえらい違いだった。

女に生まれるくらいなら牛馬に生まれた方がましだ

春節があけ、温首相が慰問を終えて北京に帰ったとたん、村はもとの貧しさにもどった。通ったはずの上水道は、蛇口をひねっても水が出なくなった。希望者全員に子ブタをプレゼントする、という景気のいい話も立ち消えになった。村民がつくった豚小屋は空のままだった。診療所に大勢いたはずの医師や看護婦もどこかに消えた。いや舗装された道路は残ったし、多少の恩恵はあったが、それ以上でもそれ以下でもない。

家宝が生まれた喜びも束の間、三度目の出産で体力を使い果たした栄華の病気は極めて深刻な状態に陥った。それにつられるように妞妞も発病し、ほとんど食べ物を受けつけなくなった。二人とも、このまま死期を迎えるのだろうと誰もが思った。そのころ、呉月がこの村に出入りするようになった。

力雄の紹介で、どうせ死ぬしかないのなら、例の健康ドリンクを試してみるかと、母娘に持ちかけたのだった。そのとき村で一番状態が悪い患者は、栄華と妞妞だった。

それから五カ月たっているが、もう死ぬと思われていた栄華がこうやって生きているところをみると、あのドリンクも多少の効果はあるのかもしれない。骨と皮ばかりにやせ細っていた妞妞は、呉月が土産にもってくる都会で買った上等の粉ミルクのおかげもあって体力を持ち直した。

しかし、二歳にしては小さく、言葉も話せない。ひょっとすると知恵も遅れているのかもしれない。いつも眉間に皺をよせ、目をうるませて、何かに耐えるような表情をしている。

「おれはこの子の微笑んだ顔を見たことがないんだよな」と呉月が言った。

家宝がHIVキャリアーかどうかはわからない、という。検査をしていないからだ。検査をする気もない。「知りたくないよ。怖いよ。長女の小芳も検査をしていない。今のところ発病していないから、このままでいこうと思う。検査して、病気がわかったって、どうしようもない。気持ちが暗くなるだけだろう？」と建国は目を真っ赤にしたままつぶやいた。

建国は話し終えると、再び自らの境遇の辛さを思い出したのか、「妞妞がこんな病気になったのはおれのせいだ。ごめんよ、ごめんよ」と嗚咽《おえつ》をもらしながら奥の部屋にひっこんだ。私たちから寄付金を得るための演技にも見えた。栄華はぐったりした様子で、いつのまにか膝の上で寝入ってしまった家宝の顔を眺めている。しばらく沈黙がつづいた。外は相変わらずの炎天下で、太陽は屋根を通して部屋の中の空気も暖める。まるでオーブンの中にいるようだ。扉のない入り口から、かすかにトウモロコシの葉のなる音が聞えた。

「そんなに男の子が欲しかったんですか」ともう一度聞いてみた。

「自分の命を危険にさらしてでも」

栄華はしばらく考えて「男の子を産まないと、一人前の女じゃないから」と答えた。「村じゅうの女から、あそこの嫁は男の子を産まなかった、と思われ続けるのは、本当に辛いものよ。私は家宝を産んで、ようやく、胸を張ることができる。こんな立派な男の子を産んだのだから」と言った。

「家宝はひょっとするとエイズかもしれない。生きているかぎり病気で苦しみ続けるかもしれない。それに、あなたの病気は重くて、家宝の成長を見届けられないかもしれない。彼がもし病気で、面倒をみる人が誰もいなくなったら、どうするの？」

すごく、嫌な質問の仕方だ、と自己嫌悪に陥ったが、やはり聞かざるを得なかった。日本なら、病気でもエイズ患者でも産む権利はある、と胸を張って主張できるだろう。ＨＩＶ感染者が妊娠、出産をしても、適切な医療設備と技術があれば健康な子供が生まれる確率は決して低すぎることはない。しかし、この貧困と惨状と無責任さをみると、応援したいという気持ちがなかなか起きなかった。妞妞が病に苦しみ、母親の腕を一番求めているときに、男の子が欲しいという理由で妊娠し、出産し、自分の命も縮めて、わが子の面倒も最後までみられそうもない、というのは無責任ではないだろうか。あまりに、妞妞が、女の子が可哀想ではないか。農村で女の子に生まれるということは、こんなにみじめなことなのか。そういう思いを言ってしまいそうになるのをぐっとこらえて、押し黙った。

栄華は、ちょっと言いづらそうに顔をゆがめてから、言った。

「私は女に生まれて、幸せだと本当に思ったのは、家宝を産んだ瞬間だけだった」

それ以上の言葉はなかった。

呉月が、そろそろ、出ようと促した。そのとき、栄華が、恥じ入るように、早口で言った。

「あの人、まだ夜になったら、私の上に乗ってくるの。こんなに弱っているのに。家宝がまだこんなに小さいのだから、今死ぬわけにはいかない。あなたから注意できませんか」

なまりがきつく、私には聞き取れなかった。あとで呉月に彼女はさっき何と言ったのか、と問うと、そのようなことを言ったのだった。

呉月は頭を振りながら、「真討厭（まったく、気にいらねぇ）」と吐きだした。外にでると、太陽は少し西に移動して、暑さも先ほどよりは多少ましになっていた。

「あの旦那は、おれたちが妞妞や家宝のために買ってくる粉ミルクを売っぱらって、酒に変えちまうんだ。だから、粉ミルクをもってきたら、売られないようにすぐ封を切らなくちゃいけない。まったく酔っ払って、死にかけのかみさんの上にのっかる。そんな元気があるなら、働けっていうんだ」と早口で悪態をつく。

そして私の方を向くと、「農村で女に生まれるくらいなら、牛や馬に生まれた方がましだと思っただろう」と言い捨てた。

売れる体があるのはラッキー。どうせなら都会でいい男に売りたい――小娟

張蛋の運転する車で西平県城の旅館に戻ると、どっと疲れが出てきた。

寝てしまいたかったが、呉月が言った。「知っているか。西平県というところは〝鶏〟の出荷

場なんだぞ」。小河が「私、その取材はついていかない」と敬遠のサインを出した。それで、鶏《ジー》が、妓女《ジーニュイ》、つまり売春婦の隠語であることに気がついた。

売春婦、という言葉をあえて使おう。新聞記事ではどちらかというと避ける言葉だ。かわりに売春女性、あるいは最近ではセックスワーカーという言葉を使う。しかし、売春女性では、一度か二度、はずみで売春した女性も含むだろうし、セックスワーカーといえば、労働の一種と割り切ったようにも聞こえる。中国の社会の底辺で体を売るということは、何も持たぬ者が最後の自分自身の肉体と尊厳を切り売りすることだ。その職業としての過酷さを言い表すのは、売春婦と言う言葉の語感の方が合っている気がする。

河南省は売春稼業の女性が多い。ひとつには他にこれといった産業もない農村地帯で貧しいからだが、もうひとつには容姿の美しい女性が多いからだ。中国で美人の産地というと四川省というイメージが強いが、河南省は中華文化揺籃《ようらん》の地。かつて中原と呼ばれ、殷周以降、長く都も置かれ、さまざまな民族の血がブレンドされ河南人というものを形成してきた。河南人には伝統的に体ひとつで生き抜くという、中国人らしいたくましさの典型も見られるような気がする。都市で見かける売春婦やごみ拾いなど底辺の職業には河南人が多い。都市には河南人を「河南賊《フーナンゼイ》」とさげすむ傾向があるから、彼らは故郷を聞かれると比較的近い「四川省」と答えることが多いので、水商売は四川省出身者が圧倒的に多いようにみえるが、実は河南省出身者が多いと聞く。

この西平県は、河南省の中でも、北京と広東省深圳という二大都市をつなぐ国道一〇七号線のちょうど真ん中に位置する交通の要衝だ。それで農村から女たちがこの西平県にいったん集められ、北京や深圳といった大都市に向けて〝出荷〟されるわけだ。

「張蛋は、その道の専門家だから、いろいろ聞けるぞ」と呉月。

彼は「鶏の仲買人」つまり、女衒《ぜげん》を生業にしていた。そういう人間から話をきける機会はめったにない。張蛋も交えて取りあえず夕食は食べねばなるまい。

歩道に椅子とテーブルを並べて串羊肉《シシカバブ》を売る屋台で呉月と小河、張蛋と一緒に座った。味がいいのだろう、席はほとんど満杯だ。客はほとんど男で、すぐ後ろのテーブルでは野卑な男たちが五人、大声で話していた。ビールの瓶をそのまま口につけラッパ飲みしては、食中毒予防に無料で提供される生ニンニクをかじり、肉に食らいつく。テーブルの上には、空のビール瓶がずらりと並び、テーブルの下の足元にはニンニクの皮や串羊肉の串が積っていた。串羊肉は一本〇・二元と安いのだが、河南の物価に比すればご馳走だ。きっと実入りのよいことがあったのだろう。そのどんな話をしているのか、と神経を集中してもあまりになまりが強く、聞き取れなかった。その大声も、車道から聞えるクラクションなどと同様、気にならない雑音になったころ、張蛋の女房が遅れてやってきた。

屋台の裸電球に照らしだされた張蛋の女房はびっくりするほど美人だった。薄茶色の瞳を長いまつげがふちどり、頬に薄幸そうな影を落としていた。「こいつの親父は、おれの天敵だったんだぜ。おれは、奴の鼻をあかすためにコイツを奪ったんだよ」と張蛋は、プラスチック製の椅子の上でそっくりかえった。

十年前、張蛋はこの町で札付きのチンピラだった。太い眉毛がハの字型に下がったあばた面《づら》からは想像がつかないが、喧嘩が強く、若い不良たちのリーダー格だった。そのとき、張蛋のようなチンピラを取り締まっていた当時の公安局幹部の担当者が、この美人の女房の父親だった。張蛋は一度拘束され、この父親の尋問を受けたとき、さんざんいたぶられた。短い拘留と罰金刑で釈放されたあと、どうやったら復讐できるかを必死に考えたという。

「おれは、そいつに娘がいることを知った。それでその娘をヤッちまおうと思ったのさ。で、学校帰りを待ち伏せして近づいたら、えらく美人じゃないか。おまけにこいつの方がおれにほれちまって……。だから結婚してやることにしたんだ。おれがこいつと親父のところに行って、娘さんを頂戴いたしますって報告したときの、くやしがりようったら今、思い出しても愉快でたまらないよ」

薄幸そうな女房は、寂しげに微笑した。よくも本人を前にして、酷いことが言える、と思ったが、小河が「女房はあれで結構、べた惚れなのよ」と耳打ちした。男と女の間は、当人同士でしかわからない機微がある。

公安局幹部クラスの娘といえば、それなりに大事に育てられただろう。お嬢さまが不良に惚れる、というのは中国でも、恋愛ストーリーのお約束なのだろうか。いずれにしろ、張蛋は地元公安局幹部の娘婿となり、多少の違法行為も見逃される立場になった。彼が、女衒という、いわば人身売買の仕事をこの町で堂々とできるのも、この結婚のおかげかもしれない。

「ところで」と呉月がきりだした。

「小胡は、農村の女の話を聞きたいそうだ。お前の専門だろう」

張蛋はハの字型の眉の片方をちょっとあげて、恰好をつけてみた。

「女のことなら任せとけ。おれのやっているのは人助けさ。農村で仕事のない女たちに都会の仕事を斡旋してやるのよ。そりゃ、最初は、ちょこっと抵抗するけどよ、最後はおれに感謝しているって絶対言うぜ。あとで、女たちのところに連れて行ってやるから、直接聞いてみろよ……」

食事を終えると、薄幸そうな美人の女房は、先に帰った。小河も、「私、興味ないから先に部屋で休んでいる」といって席を立った。そういう話を聞くのが嫌なのだ。呉月と張蛋と私は、女たちの店に行くのにちょうどいい時間になるまで、そのままテーブルでお喋りを続けることにした。客は随分少なくなったが、家に帰ってもクーラーなどない田舎の町では、別に何をするわけでもなく、夜更けまでこうした屋台のテーブルでまったり座り込んで涼んでいる人は多い。暇になった屋台の女将が、足元に落ちた串をほうきでかき集めたあと拾いはじめた。この串はあとで、簡単に水洗いされたあと、明日売る串羊肉の串に再利用されるのだろう。改めて考えれば不衛生きわまりないが、そのかわり殺菌作用の強い生ニンニクをあれほどかじったのだから、大丈夫か？

張蛋は、女房が消えると、さらに遠慮がなくなった。ビールと羊肉とクミンとニンニクの臭いの混じったげっぷをひとつすると、自分がいかに女を飼いならすことに長《た》けているかを語りはじめた。

「おれは二十歳のころから、この仕事をやっているがね、肝心なのは、最初に女たちに男に逆らっちゃいけないということを徹底的に教えこむことさ」

彼の仕事は農村に行って、まず都会で働きたい女の子をかき集めることからはじまる。

「もちろん、最初はどんな仕事かなんて説明しない。レストランなどでの〝服務（サービス）〟だと言っとけば、分かるやつは分かるし、分からないやつは分からないままだ。自分で志願して行きたがるやつの多くは、何をやるか薄々感づいていると思うね。小学校出たか出ないような何も分かっていない年頃の女の子を、親が連れて行ってほしいと頼み込むことがあるけれど、それは親は分かっていても本人はたぶん、分かってねぇかもな。

集めた女たちをトラックに積みこんで、自力では帰れないところまで連れて来てから、どういう仕事をするか教えてやるんだ。

たいていは、そんな話聞いてない、そんなつもりで来たわけじゃない、と泣き叫ぶさ。でも、そんなの嘘さ。小学校も満足に出ていねぇような読み書きもできないような女が、都会でできる仕事なんて、体を売る以外ないだろう？　そういうときは、とにかく犬と同じだ。まず、ぼこぼこに殴る。それから仲間らみんなで犯すんだ。それから、服や食べ物を与える。そういうのを三日ぐらい繰り返すと、すっかりおとなしくなって、言うこと聞くようになる。そりゃそうだ、そうなっちまえば、鶏（妓）以外に生きていく方法はないと、いやでも踏ん切りがつくさ」

人畜無害そうなハの字眉のあばた面は、にこにこ、といっていいくらい上機嫌で、ふつうのビジネスの成功談を話すかのように、えげつない話をした。

彼はほら吹きの傾向があるが、この話はほらではないと感じた。というのも、別の友人から同じような話を聞いたことがあるからだ。広西チワン族自治区出身の小張の話だ。彼女は北京ではアイさん、つまり家政婦をしているのだが、彼女の姪っ子がまさしく、人身売買の被害にあったのだった。小張の姪は、十八歳で広東省広州市の工場のワーカーとして出稼ぎに出た。ワーカーの仕事は、稼ぎは少なく重労働だ。少ない稼ぎもほとんど故郷の実家に仕送りする。都会には美しい服、おいしそうな食べ物があふれている。だから心に迷いが生じる。もっと、割のいい仕事があるのではないか、と。そんなとき、町の食堂で出会った男から、もっと楽な仕事があるがどうか、と声をかけられた。レストランで〝服務〟するだけだと。賃金も高く、仕事の拘束時間も短い。都会暮らしを味わえる。そうそそのかされて、工場の寮から逃げ出し、その男の紹介する服務の仕事に就くことになった。それから、ぷっつり連絡が途絶えた。しばらくして姪っ子の面倒を見ているという男から「七千元を払え。さもないと彼女の身にどういうことが起ころうとも責任がもてない」という身代金要求の電話があった。広西の実家では大騒ぎになり、親は金策に走りまわったが、少数民族の農家にとってそれはとてつもない金額だった。金が集まらないまま数カ月がたったとき、突然その姪っ子自身から電話がかかってきた。

彼女は涙ながらに訴えたという。

「私は馬鹿でした。騙されてしまいました。あれから毎日、何人もの男たちに口では言えないようなことをされて、体はぼろぼろになりました。いくつもの病気にもかかってもう長くないと思います。こんな汚れた体では故郷に帰ることも、普通の暮らしも望めません。今は早く死んでしまいたいとそればかり祈っています。あいつらは金を払えば私を返すといっているかもしれませんが、そんなことをしても無駄です。私はもとの私ではありません。お母さんたちには、今は一刻もはやく私のことは忘れてほしい……」

それだけ言い終えると電話は一方的に切れたという。

家族は広州市の警察に捜索願を出したが、担当の警官は「おそらく地下の売春窟に売り飛ばされたのだろうが、そういう事件はあまりにも多いから、捜査に手がまわらない。もし身元不明の女性を保護することがあったら、照会リストの中に入れておきます」というだけだった。

コンドームなしで三千人の女とセックスしたと豪語する女衒

以前に小張から聞いたそんな話を思い出しながら、張蛋のような男たちが、小張の姪っ子をさらったのかもしれない、と感じた。一見、人懐っこい愛嬌のある人畜無害そうな、その実、身の毛もよだつようなことを何の罪悪感もなくやってのける、こういう男たちが。

「女たちが可哀想だと思わないの？」

吐き気のようなものをこらえながら、平静を装って聞いてみた。

「恨むんだったら親を恨むべきだろう。あるいは、世の中を甘く見た自分を恨むんだな。家族には前金も渡しているんだぜ。農民がまとまった現金を手に入れるなんて、血を売るか体を売るかくらいしかないだろう。本当は分かって、ついて来ているのに、土壇場になって騒ぐから、決心をつけさせてやるんだ。こりゃ、どうみても親切心だぜ」

そして「そうやって、今までに三千人位の女をヤッた。全部コンドームなしだ。おれは主義としてコンドームを使わないんだ。きれいなのもブスなのも平等にな」と胸を張った。

「コンドームなしで三千人の女とセックスしたら、エイズにかかっちゃうよ」

と、私は怒りをこめて嫌がらせを言ってみた。

「おれはエイズにかからないのさ。特別な人間だからな」

「検査したことがある？　たぶん、かかっているよ。エイズは潜伏期間が十年くらいだから。あと何年かしたら発病するんじゃない？　あんたも、きょう文楼村に一緒に行って分かったでしょ。あの村は村民の半分がエイズで生まれてくる子もエイズなんだよ。河南は中国で一番エイズ蔓延が深刻な地域なんだよ」

私の言葉に、張蛋の顔に多少の動揺の色が走った。そして不安を隠すように大声で「おれは大丈夫さ」と言った。

「検査をする気もない。コンドームはこれからもつけないさ」

呉月が私をちょっと小突いた。そうだった。彼は仲間だ。まだいろいろ教えてほしいこともある。気をとり直し、「女の子たちはどのあたりに売るの？」と私は聞いた。

「上玉で若いのは都会にもっていく。北京、上海、広州。いろんなところにツテをもっているから。一番遠いところでは新疆《しんきょう》ウイグル自治区のウルムチまで運んだことがある。そこそこのレベルのは鄭州とか洛陽とか。ここらへんの店で働いているのも多い」

「彼女らは結果的にはあなたに感謝しているのね？」

「当たり前だろう。どっちにしても、女に生まれたら、農村にいても都会にいても、体を売るはめになるんだ。同じ売るなら、都会で高く売った方がいいだろう。農村の一度も風呂に入ったことのないような男と寝るより、こぎれいなビジネスマンとこぎれいなベッドで寝た方がいいだろう。おれの女たちに会って直接きいてみろよ？」

私は昼間に文楼村で会った栄華のことを思い出した。自分は不美人だと思っていた彼女は、広州の工場ワーカーに出稼ぎに行ったあと農村に帰って、貧しい農民に嫁いだ。子供を、男の子を産むことだけを、自らの使命と考え、エイズが発病しても子供を産み続けた。死に瀕する重い病気の床ですら、絶望しヤケ酒をあおる夫を慰めるために今夜も体を開いているかもしれない。それに比べたらまだ……。

「そろそろいい時間だな。紹介してやるよ、おれの女たち」と張蚤は立ち上がった。

千五百円の「売春」

張蚤の女たちは、私たちが泊まっている旅館の近くのカラオケ店で働いていた。地方都市でよくみかける安っぽいカラオケ店だ。室内は下品なピンクのライトで照らしだされ、扉の外にもそのピンクの光が洩れていて、一目でそういう店だとわかった。

「夜の十二時をすぎると、だいたい客は目当ての女の子と話をつけて連れ出している。この時間帯に店に残っているのは、今夜仕事にあぶれているやつらだから、ゆっくり話をきけるぜ」

扉を押し開いて、目隠しのカーテンをよけて通路を進むといくつか個室のドアがある。そのうちのひとつを開けると、十畳くらいの広さのカラオケボックスだった。スイッチをいれると、蛍光ピンクの電灯と、ゴーッとうなるエアコンがついた。BGMがわりに、カラオケの流行曲を流す。「ビールでいいか?」と言いながら奥から出てきた、老板娘《ラオバンニャン》(女ボス)といった風情の年配女性と話し込んでいる。あまった女の子を連れて来てくれ、と言っているのだろう。しばらくして、三人の女の子が来た。

三人とも美人とは言い難かった。一人は化粧もしておらず、農村の泥がまだついているようだった。もう一人はアイラインをひき、マスカラを黒々とつけているが、赤い口紅をぬった唇からのぞく歯並びが恐ろしく悪かった。もう一人はまあまあ可愛いがサブリナパンツから見えている脛の体毛はそっておらず、虫さされのあとも残っていた。

それでも、張蛋が私たちを紹介すると、三人三様にぎこちなくシナをつくって挨拶した。一人は呉月、一人は張蛋、一人は私の隣にくっつくように座る。私の隣に来たのは、農村の泥の匂いがする一番うぶそうな娘だった。

「胡姐（フーねえさん）は本を書いているえらい作家なんだぞ。質問に答えてさしあげろ」と、張蛋は言った。

私は相当疲れもたまってきたので、単刀直入に聞く。「年は？」「名前は？」「どこから来たの？」「いつからここで働いているの？」

泥くさい娘は、駐馬店市の郊外の農村から西平県に連れてこられてまだ一週間ほどだった。年は二十歳だと言ったが、私は肌の感じや、幼い体つきから、まだ十代ではないかと思った。「まだ来たばかりだから、お酒のお酌しかしてません」と言い訳するように言った。

「ここがどんな仕事をするところか分かって来たの？」

説教くさくならないように聞いてみた。

「お酒を飲むところ……」

どこまで、分かっているのかとぼけているのか、表情が硬すぎて読めなかった。

「自分で働きに来たいと思って来たの？」

「都会で働きたいと思って来ました」

「無理やり連れてこられたのではないの？　張蛋は怖くなかった？」

無駄な質問と分かってぶつけてみる。

彼女は首を振った。

隣では、他の二人の女の子たちが興にのってきて、張蛋らの膝に乗り、甲高い笑い声を上げていた。神経にさわる声だった。目の端で彼らの様子を盗み見ながら、呉月め、ひょっとして楽しんでいるのか？　奥さんに言いつけてやる、と悪態をついた。

こんなふうにいらだちが体の中で頭をもたげたら、相手の心を開かせる話の聞き方などできるわけがない。もう脳味噌に血がまわらない。つい説教口調になってしまう。

「恋はしたことある？　こんな仕事に入っちゃったら、まともな恋愛できないかもよ」

「談恋愛（恋をする）……」ぽかんとした顔をした。考えたこともない、という顔だ。

「もしこれから好きな人ができて、こんな仕事していたらどういいわけする？　将来のこととか考えないの？」

張蛋が口をはさんだ。

「こいつはそんな難しい質問には答えられないよ。なにせ農村から出てきたばかりだから。そういう質問をするなら、そうだ、小娟《シャオジエン》がいい。あいつはまあまあ頭がいいから。いま、連絡をとってやるよ」

そういって、携帯電話を取り出して、どこかに電話をかけだした。

たぶん、私が不機嫌になっているのを見て、張蛋なりに気を遣ってくれたのだろう。

「小娟は今、客といる。明日でよければ、泊まっている部屋に訪ねて行くってよ。北京の話が聞きたいそうだ」

張蛋がそう言ったので、そこでお開きにすることになった。体力と忍耐が限界に近かった。

店を出たとき、呉月がこう耳打ちした。

「化粧している女は二十一歳だ。漯河出身でこの町に出てきて半年だと。一晩百元だそうだ。部屋代はこっちもちで」

彼女らにいったいどのくらいの値段がついているのか、私は肝心なことを聞いていなかった。日本円で千五百円。彼女らの春はそんなに安かったのか、と愕然とした。

「それと」と呉月は付け加えた。

「張蛋が三千人をヤッたというのは嘘だからな。考えてみろよ。あいつはまだ二十八歳でこの仕事をはじめて八年だろう？　土日も休みなく毎日レイプしてなきゃなんないぞ。嫁さんもいるのに」

そういって肩をたたいてくれた。たしかに、中国は〝白髪三千丈〟の世界だ。しかし、そんなことは慰めにもならなかった。

私、北京で売春したいの

小娟は、自分のことを十八歳だといった。茶髪のロングヘア。肌が白く、日本のグラビアアイドルのような化粧をしていた。ほっそりと長い首筋が印象的で、ふと鶴のような娘だと、思った。服の胸元が大きく開いているが、どこか清楚な雰囲気もある。きのうの三人に比べれば数段美しかった。

彼女は昼ごろ、約束どおり私の部屋を訪ねてきた。部屋に迎えいれると、粗末なベッドの角に座り、きれいな足を高く組んだ。そして、「胡姐、灰皿ありますか？」と落ち着いた声で聞いた。

私の方がどぎまぎした。

彼女は、白い首をそらして、たばこの煙を吐くと、私の質問に、答える準備をした。

小娟は、駐馬店市郊外の農村出身。十六歳のとき駐馬店の都市部に出稼ぎに出て、食堂のウエイトレスをした。月給が百元だった。

「腕がぱんぱんに腫れあがるまで、汚れた重い皿を運んだわ。皿をわったりすれば、罰金が科されるし、本当に辛かった。……だから老板（ボス）に色目を使われたときは、ラッキー、仕事がその分楽になればいい、給料が上がれば、と思ったの。でも全然役に立たなかった。やられ損よ。それで、友達がそういう仕事をしていたから、私もやりたいっていったら、張蛋を紹介されたの。体を売ってもいいから、ちゃんと稼ぎたいと。……そうよ、私は自分でそういう仕事をしたいと思ったの。だって、友達が、私よりブスなのに、よっぽど楽に稼いでいるのよ」

「最初に客をとったとき二百元もらったわ。たった一回で。だって、信じられる？　一カ月、罵倒されながら休みもなく毎日朝から晩まで働いて、食べるものも人の食べ残しだったりして、そうやって、やっと百元稼いでいた人間が、たった一人の男と寝るだけで二百元もらえたのよ。私、女でラッキーだと初めて思った。売れる体があるのはラッキーなことなのよ」

「エイズは怖くないの？　河南省はエイズの蔓延地域だって知っているのでしょう？」と私が聞くと、「私は、コンドームを使っているわ。本当よ」とむきになった。

使っていないのだな、と感じた。この娘はもう、感染しているかもしれない。

昨晩会った女の子たちは一晩百元と言っていたから、小娟の値段は彼女たちの二倍だ。それは彼女がより美しく、より若いからだろう。

「あなた、美人だわ。北京でもなかなか、あなたくらいきれいな娘は見かけない」

まったくのお世辞ではなく、そう思ったからそう伝えた。ちょっと気取っていた彼女の表情は、ぱあっと女子高生みたいに明るくなった。ひょっとすると彼女は十八歳よりも若いかもしれない。

「胡姐、好きな人はいる？」と甘えるように聞いてきた。

「昔はいたけれど、今はいない。あなたは？」

「駐馬店市で働いていたときは、いたわ。同じ職場の、食堂の下働きの人と付き合っていた」

「彼は体を売る仕事をしているって知っているの？」

「言っていないわ。親に知られるより、彼氏に知られる方がいやだもの。今より給料がいい仕事が西平県でみつかったから、そっちに行くとだけ言ってきたわ」

「将来は、彼と結婚したい？」

「そうねぇ……」しばらく考えていたが、それには答えず、「北京で体を売るといくらぐらいもらえるものなの？」と逆に聞いてきた。

農村出身で学歴はないが、十代でかなりの美貌。「たぶん一晩千元から千五百元ぐらいだと思う。交渉しだいだけど」と、正直に北京の相場を答えた。

「そんなにもらえるの？」

彼女の声はうわずった。

「私は一晩がんばってもせいぜい二百元よ。でも西平県ではそれは高い方よ。すごいわ、北京って……」

「ここじゃ、屋台の串羊肉《シシカバブ》が一本〇・二元でしょ。北京じゃ二元が普通よ。物価が十倍くらい違う」

シシカバブと比較するのは、例が悪かったと思ったが、彼女は気にしていなかった。

「胡姐」と、急に甘えるような声色になった。

「私、あなたが本当のお姉さんのような気がしてきた。だから、将来のことをいろいろ相談したい。私、本当は北京で働きたいの」

北京の話が聞きたい、と言っていると聞いたときから、そう言われるような予感はしていた。

「北京でも、ここと同じような仕事をしたいの？」

「初めて体を売ったとき、売れる体があってラッキーだと思った。醜かったり、障害をもっていたらできないわ。でも、できるなら都会のいい男に売りたい。私の顔や体は北京でも通用するんでしょ？　問題は、北京にコネがないことだわ。胡姐が助けてくれるなら、私……」

「彼氏はどうすんの？　張蛋は怒らないの？」私はあわてた。

本当は一瞬、北京で水商売をやっている友人の顔が浮かんだのだ。十代のこれだけの美人なら、雇ってもいいというかもしれない。ここで野卑な男たちに体を売るより、北京のビジネスマンや観光客相手に売る方が、彼女にとっても確かにいいだろう。しかし、そこで気付く。もし、彼女を北京に連れていって、そういう店に紹介すれば、それこそ張蛋のやっていることと、大差ないのだ。人助け、といって人身売買に加担している。たとえ本人が望んでいても、法律違反に加担していることになる。

「ごめん。私はそんなコネないよ。でも、もし北京に遊びに来るんだったら、ご飯一緒に食べたり、観光したりしよう」

「携帯電話の番号、交換して」

そうして、携帯電話番号をお互い交換して、別れることにした。

「胡姐、私のこと、忘れないでね。電話していいよね」

「もちろん、いつでも電話して」


午後、ぽっかり時間が空いたので、小河と近くの美容院の美顔マッサージに行くことにした。おんぼろのリクライニングシートに寝そべって、美容院の女の子たちにぐりぐり顔のつぼをマッサージしてもらう。彼女らの給料はいくらくらいだろう。なにせ一回一時間のマッサージは十五元だ。

「ほら、ちゃんとこんなふうに手に職をつけて、がんばって働いている娘もいる。売春婦は、誰でも簡単にできて、一番楽にお金が入るのよ。だから、弱い人間ほどこの道に転落する。性根の問題だと思うわ」。顔の上に甘ったるい匂いのマッサージクリームをのせたまま、小河は言った。彼女は売春婦が嫌いだ。

小河の言う通りかもしれない。「売れる体があってラッキー」という小娟の言葉を反芻《はんすう》する。そのラッキーに甘えた結果、エイズが蔓延するこの町で体を売るはめになった。

天が彼女に与えたラッキーはなんと痛ましいものだろう。

男が上に乗っかっているとき目をつぶるの。幼い息子の笑顔が見えるから――小燕

西平県の真ん中を通過する国道一〇七号線は、別名エイズ街道ともいう、と呉月が言った。食事を終えて張蛋の運転する車で旅館に戻るために一〇七号線を通ったときのことだ。道の両側にずらりとピンクのけばけばしいネオンサインで「賓館」「車館」などと書かれている建物が並んでいた。モーテルのことだ。路肩の空き地には、大型トラックがいくつも駐車している。北京と深圳の二大都市を結ぶ一〇七号線のちょうど中間地点がここ西平県にあたる。北京と深圳を往復するトラック野郎たちは、ここで飯を食い、仮眠をとる、だけではない。女を買う。そういう場所である。

「もっとも安い値段の女たちだ」と張蛋がいう。

きのう会った表通りのホテルのカラオケ店のような場所にいる百元、二百元の女の子は、ここではAランク。値段が一番高いが若い、いわば新しい女の子。その次が、裏通りにある美容院やマッサージ店だ。昼間は気付かないが、日が落ちると「美容」と書かれたピンクのネオンサインが煌々《こうこう》と並ぶ通りが西平には幾つもあった。ガラス戸越しには、ホットパンツやミニスカートにキャミソールといった露出度の高い服装の女の子たちがたむろして、たばこをすったり、おやつを食べたりしているのが眺められ、目があうと手招きする。一般に彼女らの年齢はカラオケ店の

女の子たちより高い。二十歳代後半だ。そして美容院やマッサージ店で働くには年をとりすぎた女たちが次に流れつくのが、こういったモーテルだという。

「モーテルの女の人に、知り合いはいない？」と私は聞いた。

張蛋は「俺の知り合いに電話してみる」と言って、なにやら電話をかけはじめた。モーテルの中をのぞいてみたい。

「友人にモーテルの女と昵懇の奴がいる。呼んでみるか？」

これから女を食らうのだという臭気が立ち上っていた

その男は三十分ほどして、私たちと合流した。鄭と名乗った。頭頂部が薄くなりかけ、五十がらみに見えたが、おそらく四十代だろう。地方の労働者は老けてみえる。普段は西平を中心に、軽トラックで運搬の仕事をしているというが、その日は仕事がなかった。「おれたちは好朋友（親友）だからな」と二十八歳の張蛋は、年上の鄭の肉体労働者然とした、たくましい肩を親しげにたたいた。私がモンゴル族の作家で、モーテルの女性にインタビューしたがっている、と例のごとく説明すると、「じゃあ、おれと一緒にくればいい」という話になった。なじみの女性を紹介してくれるという。

「しばらく、あの女とも会っていないからな」

張蛋の車は、私たちを乗せて一〇七号線沿いのモーテルの中で比較的大きな、青いネオンサインのついた三階建の建物の前で止まった。貨物をのせたままの大型トラック、あと何台かの普通乗用車、タクシーが並んでいる。

呉月と張蛋と鄭に、半ば囲まれるようにして、モーテルの扉を押し開いて中に入った。

中に入ったとたん、私の足は動かなくなった。

モーテルの一階部分は広い食堂で、幾つものテーブルが並び、十数人の男たちがいくつかのグループにわかれて、椅子に座ったり、立ったままで、ビール瓶を片手に、飲んだり食べたりしていた。空調はあるのかもしれないが、厨房から出る調理の熱気が部屋にこもり、蒸し風呂のようだ。男たちはほとんどが上半身裸で、汗と脂で肉の盛り上がった背中や胸がてらてら光っていた。労働のあと、飯を食い酒を食らって、さあこれから女を食らうのだ、という男たちの欲望が臭気のように立ち上っていた。安物のたばことアルコールと動物の臭い。その空気を吸うだけで、ぞっとした。私たちが入ってきたことに気付いた男たちは一斉に話と動きをとめ、こちらを振り向いた。明らかに人種の違う女が、水商売には見えない女が、堅気には見えない男三人に囲まれるように、むきだしの欲望が垂れ流されて水たまりになっているようなところに、足を踏み入れてきた。いったいこいつらは何者なんだ、と、突き刺さるような視線が語っていた。

不審そうな幾つもの目が私の足元から顔をまで無遠慮に舐めあげるのを感じて、女にしては胆が据わっていると言われ続けてきた私もかすかに膝が震えた。張蛋と鄭が、ほとんど同時に、よお、と誰にともなく挨拶をした。男たちは、私たちから視線をはずし、再び仲間との飲み食いに戻ったが、背中ごしに意識されているのが分かった。もし、呉月と張蛋と鄭がいなければ、そこの木のテーブルに押さえつけられて、よってたかって内臓まで食い荒らされていたのではないか、と恐ろしい想像が頭をよぎった。

鄭は二階に通じる階段のたもとで、帳簿をつけている五十歳くらいの女性に、私のことを説明しているらしい。二階の部屋に女たちは待機している。鄭が先に二階に上がり、しばらくして降りてきた。呉月と張蛋はビールを注文しようと、テーブルに座ったが、私は階段の下で硬直したように立ったまま、待った。本当にその集団に近づくのが怖かったのだ。鄭は、自分のなじみの女が私と話をすることに同意したことを告げ、「多少の礼をやってくれ。あまり長く話しこまないように、せいぜい十分ぐらいにしてくれ」といった。次の客が待っているところに、むりやり割り込んだからだ。十分以上待たされると、客が怒って値段を値切ったり、暴力をふるったりするのかもしれない。

鄭について、二階に上がると、廊下をはさんでホテルのように幾つものドアがあった。ドアには番号がふってある。鄭が奥から二番目のドアを開けると、ピンクの明かりがもれた。中は二畳に満たないウサギ小屋。壁際によせて置いてあるベッドの上に女性が裸で、薄いタオル一枚だけを胸までかけて、寝っ転がっていた。起き上がるのもおっくう、という風情で、寝っ転がったまま、ニイハオ（こんにちは）と声をかけてきた。

ベッドと裸の彼女以外、何もない部屋。椅子もハンガーすらない。枕元にお茶を入れた瓶がおいてあるだけだ。壁には、ＰＬＡＹＢＯＹ風の金髪女性と茶髪男性が裸で絡み合った色あせたポスターが貼ってあった。ここに座って、というふうに体をよじってベッドの端をあけた。私は「不好意思（すみません）」といって、汗やいろんなものの染みたシーツの端に座った。こういうとき最初にかわす言葉は「不好意思」でいいのだろうか、と思いながら。

「鄭兄さんの紹介だから、あなたは友達よ。なんでも聞いて」と彼女は言った。すこしハスキーな声だ。彼女の足元に座って、薄いタオルごしの、若干くずれた体の隆起を見ないように気をつけながら、顔をあげた。枕元の壁のところに、赤ん坊のスナップ写真が貼ってあるのに気付いた。

そう古いものではない。私の視線が、彼女の頭の上のスナップ写真の上に止まっているのに気付いて、彼女は初めて柔らかな笑みをこぼした。

「これ、息子なの。今年で三歳になるわ」

彼女は小燕《シャオイエン》と名乗った。年は三十三歳。目じりに刻まれた皺や、たるんだ頬のせいで四十すぎに見えた。染めた長い髪はつやがなく、薄い枕の上にぱさぱさとちらばっている。でも、農村の三十三歳にしては、確かに美人の部類にはいるだろう。鄭州市に近い農村出身だといい、ここで働きはじめて一年になる。夫は広州市に出稼ぎにいって三年になる。電気製品の工場のワーカーをしているという。しかし、夫の稼ぎだけで男の子を育てていくだけの金はたまらない。彼女が体を売る決心をしたのは、子育てのためだ、という。

「息子は夫の両親が面倒を見てくれているの。私は夫の両親と息子の暮らしを支えていくために仕送りをしなくちゃいけない。だって男の子だから、学校にもちゃんと行かせてやらないと。農村を脱出するには学校に行かないとだめなの」

省都・鄭州市ぐらいの都会に近いと、農民の意識も変わるのだろうか。教育があれば、農民は農村を脱出できるのだ、という。

「可愛い子ね。頭がすごくよさそう」

「そうでしょ？　みんなそう言うのよ」

彼女は、体を横にして、ひじまくらをして、頭を上げた。タオルがずり落ちるのではないか、とはらはらしたが、大丈夫だった。タオルの皺を直した手を伸ばして、写真の赤ん坊を指でなぞる。

「前の春節のとき、帰ったのだけれど、これよりずっと大きくなっていた。成長が他の子より早いみたいよ」

私はおそるおそる聞く。「ご主人は、ここでこういう仕事をしているのを知っているの？」

「夫は知っているわ」

「反対しなかった？」

「反対しても仕方がないでしょ。お金が必要で、他に仕事がなかったから。夫の親も最初は怒っていたわ。でも、金を送れば何も言わなくなった」

時間もないので、単刀直入に聞く。

「一回の値段はいくらなの。一日どのくらい稼げるの」

「一回三十元。客の数は日によって違うわ。一晩に四人も五人も入れ替わり立ち替わり来ることもあるけれど、一人もこない日もある。それでも毎月千元前後は送るのよ。夫の仕送りより多いくらいよ」

「ここはエイズが蔓延しているのでしょう。こんなところで体を売って、エイズは怖くないの？」

「もちろん、怖いわ。だから、ちゃんとコンドームを使っているわ。ここは、コンドームの使用も、エイズ検査も義務付けられているから大丈夫よ」

「子供がもっと、大きくなって、あなたの仕事のことを知ったら、どう？」

「それは絶対いや。だから、もう今年いっぱいでやめようと思うの。体もそろそろ限界だし」

「この仕事を気に入っているわけではないの？　簡単に大金が稼げると」

「まさか！　本当に辛い仕事なのよ。男が上に乗っている間は、耐えられなくなって目をつぶっているの。まぶたの裏に幼いわが子の笑顔を思い浮かべる。あの子にちゃんと食べさせてやらなきゃ、きれいな服も買ってやらなきゃ、と考えるの。そうしているうちに、あいつらは勝手に終わらせて、枕元に金を置いて出ていくのよ」

小燕は、そう話しているうちに、涙ぐんで目頭を押さえた。

薄いドアごしに、中をうかがう気配があった。次の客がまだ終わらないのか、と思ってのぞきに来ているのだろう。本当なら、この時間は鄭が、彼女を買っている時間だ。なじみだからといって無理やり割り込ませたのだ。ならば、一人の客が終わったあと、すぐ別の客をとるのだろうか。

「あの、シャワーとか浴びないの、終わったあと？」立ち入ったことを聞いた。

彼女は黙って首をふった。疲れた、という顔をして、あげていた頭を枕に落とす。またドアの外に人の気配を感じた。ほとんど全裸の彼女と対面して会話するのは私も苦しかった。もういい。ここを出よう。もう行くよ、次の人が待っているから、といってポケットに忍ばせていた折りたたんだ百元札を掌に隠しこんで、握手する振りをして渡した。彼女は目を丸くして、私を見つめたあと、「ありがとう！」と礼を言った。

「あなたの息子、なんていう名前？」

「牛牛《ニウニウ》というの！」

「そう、牛牛によろしくね」

そういって、床に置いてあったカバンを取る振りをして、ベッドの下をのぞくと、水の入った洗面器があった。終わったら、これで体を拭くのだろう。

北京へ広東へトラックでエイズを運んでいくんだ

外に出て、呉月らが待っている階下に向かう途中、男とすれ違った。彼女の部屋に入って行く音がした。トイレに駆け込む、とでもいうような男の性急さに怒りを覚えた。

一階にもどると、「あいつ、どう言っていた？」と鄭がニヤニヤして聞いてきた。

「三歳の男の子がいるって。その子のために頑張って働いているって言っていたよ。旦那は反対しているけれど、子供のためなら仕方ないって、認めてくれているみたい」

「そりゃ、本当か嘘かあやしいぞ。そういう身の上話をして、同情をひくのが、あいつらの手口だからな。第一、おれには、子供の話なんてぜんぜんしないぞ。いつも、自分の旦那が暴力をふるって大変だとか、泣きながら愚痴を言っていた。それで、おれみたいな優しい男は会ったことがない、と」

「そりゃ、あなたが客で男だからでしょ。女を買いに来る客に、息子や夫の自慢話をするわけないじゃない」と私はムッとして答えた。

張蛋が笑い出して口をはさんだ。

「お前ら二人とも騙されてんだよ。鶏の言葉に真実なんてあるわけないだろう！」

「この宿はエイズ検査とコンドーム着用が義務付けられているとも言っていたけど」と、私は心配していたことを尋ねた。

張蛋はさらに笑いながら、「ンなわけはないだろう！　コンドームを使う男なんてこの西平にいるわけない。コンドームは五元もして、それは女が用意する。一回三十元なのに、五元もするコンドームを女が使うわけないし、第一客が嫌がってよってこなくなるさ」と言った。

呉月が言った。

「だから、ここはエイズ街道だって言っただろう。ここでエイズに感染した男たちが、北京へ広東へ、トラックでエイズを運んでいくんだ」

小燕の身の上話は、鄭に語ったのが本当なのか、私に話してくれたことが真実なのか、それとも両方とも嘘なのか、ついに結論は出なかった。はっきりしているのは、このモーテルでコンドーム着用もエイズ検査も義務付けられているというのは、どうやら嘘だということだ。

枕元の子供の写真は、彼女らの商売の小道具に過ぎなかったのだろうか。

私は、子供の顔を思い浮かべながら、つらい仕事をやり過ごすのだと語った彼女の涙が、まったくの嘘とはどうしても思えなかったのだけれど。

超生で罰金をくらったけれど、あの娘を産んでよかった――程麗

文楼村に最初に入ってから二日目、特に公安警察が動いた様子もないので、私たちはもう一度文楼村を訪れることにした。今度も道すがら葬儀をみかけた。強い日差しに、ピカピカ光る花輪や幟を立てて畦道をゆっくり通る葬列は、陽炎《かげろう》にゆらいで遠く白昼夢のようだった。あの畦道は彼岸とこの世の境界なのだ、という気がした。

今回、村に入るときは、前ほど緊張しなかった。力雄の仲間たちが上蔡県の警察を見張っていてくれる。何かあれば、私たちの手をひいてトウモロコシ畑の中で逃げ道を探してくれるだろう。

この日訪れたのは、程麗《チョンリー》の家だった。五十歳。農村では初老といっていい年だ。彼女はエイズを発病し、この数日症状が重く家で伏せっていた。一人暮らしだ。

部屋の隅に置かれた寝台の上に横向きに寝ていた。枕元には何種類もの錠剤が置いてあった。

「これはエイズの治療薬？」と聞くと、「そうだよ」と力のない声で答えた。

「こっちの青と白のカプセルが、村の診療所がただでくれる薬。こっちの粉薬は、天津から来たという製薬会社が、試しに飲んでほしいと持ってきた薬。でも、製薬会社が持ってきた薬は、副作用がきつくって、失明したり、死んだりする人もいるという噂だから、飲んでいないんだよ。どの薬も結局効かない。私は自分がもうすぐ死ぬのだと思っているし」

息があらく、目がうるんで、発熱しているのがわかった。

この村には、ときどき天津や北京の製薬会社の人間が勝手に薬を持ちこんで、非合法の臨床試験を行っているらしい、ということは、呉月から聞いていた。その副作用で、村の老人が失明し、先月末に死んだという。私たちはその老人の家に行って、事情を聴いて失明の話は確認したが、果たして薬の副作用で失明し症状が悪化したのか、単に病状の進行により失明という合併症がでたのかは、遺族の話だけでは、ついに分からなかった。ただ、上蔡県の警察はこの天津の製薬会社のセールスマンの行方を追っているという話も村民から聞いた。私たちには、こういった情報の裏をとるために、警察や県政府に問い合わせをする権利がない。この農村は外部に開かれていないのだから、外部から問い合わせたり事実を調べたりすることは基本的にできない。かりに事実としたら、大きな問題である。エイズ村として外部から完全に隔離された地域に、中国の製薬会社が、こっそりと出入りし、医師の処方箋もなく勝手に強い薬をばらまいて、非合法の臨床データを集めようとしている。中国ではありえない話ではない。エイズはある種の慢性病だから、生きている間は永遠に薬を飲み続ける。製薬会社にとって、エイズ治療薬市場は非常に魅力的であり、その開発競争が激戦となっていることは、中国紙でもたまに報道されていた。エイズ患者にろくに説明もせずにワクチン接種の臨床試験を実施して、死者が出たことで、訴訟問題に発展した事件もあった。

呉月は「地元政府の幹部が、製薬会社からワイロをもらってそういう違法臨床試験を黙認しているんだろう。昔は農民から血を絞り取って、製薬会社に売って金儲けし、それで農民が病気になったら、その病気を使って、試薬会社からワイロをとる。本当にどこまで農民から絞り取ったら気が済むんだ」と腹立たしげに言った。

堕胎と超生

当時、政府は国内で生産したジェネリック薬をエイズ村で無償配布することを含めたエイズ対策を打ち出していた。しかし、認可されている薬も副作用がきついため、決った時間に決った量を飲み続けることは、エイズについても治療薬の副作用についてもよく理解していない農民にとっては困難なことだった。エイズ治療薬というのは、服用の量や時間を守っていないと効果が出ない。違う薬を混ぜて飲むとウイルスに耐性が出てしまうなどの問題もあるという。薬を配布するだけではなく、本当は服用指導や精神面のサポートの方が必要とされているのだろうが、中国の医療体制は、そこまで行き届いていない。エイズ村では薬の副作用を薬によって病状が悪化したのだと思い込み、薬を捨てる人も多い。そういうところに、一部製薬会社が入り込んで、政府の無償薬よりこっちの方がよく効く、と言って違う薬を渡す。その薬を飲めばさらに症状が悪化する。その結果、医療や薬に対してものすごい不信が起き、さらに治療が難しい状況になってしまう。

文楼村でも、畑の中に大量の薬が打ち捨てられてあるのを見かけた。捨てられているものの中には、政府の無償配布薬もあれば、見たこともない、天津や北京の製薬会社のパッケージもあった。

程麗も薬を飲んでいなかった。

「薬を飲むと、耐えられないくらい気分が悪くなるんだよ。私はもう死んでもいいと思っているから。むしろ死んだ方がいい」

寝台にくっつけるように横向きにした頬を涙がつたって、布団にしみた。

「そんなことを言わないで。あなたに死んでほしくない人がたくさんいるよ。立派な娘さんがいるんでしょ？」と、私は事前に力雄から聞いた話をしてみた。

程麗には三人の娘がいた。上の娘は他の村へ嫁ぎ、中の娘は鄭州で働いている。そして、末娘は十七歳。鄭州の重点中学で全校三番目の成績という、この村きっての秀才なのだという。

「そう、素晴らしい娘がいるの」と程麗は、少し顔をほころばせた。

「あの子は、本当は超生《チャオション》（政策に反して多く子供を産むこと）で、強制堕胎しろ、と迫られていたの。でも、私はどうしても産みたくて、罰金を払って、産んだのよ。生まれたのが女の子で、周りはがっかりしたけれど、私はうれしかった。だってすごく賢そうで、可愛かったのよ」


中国は一九七九年から、人口増加を抑制するため、一組の夫婦が原則一人の子供しか持てない「一人っ子政策」を本格導入していた。もっともこの政策は地域差、民族差があり、多くの農村では一人目に女の子や障害児が生まれた場合、二人目を産んでもいいというルールを採用している。だが二人目が女の子の場合、たいてい三人目を欲しがる。三人目がだめなら四人目を、となる。一人っ子政策下で、何人も子供を産んでしまうのは男の子が欲しいという願望が抑えきれないからだ。政策に反して、多く子供を産むことを「超生」と呼んだ。超生をやった場合、社会扶養費という名の高額の罰金が科された。それは地域によるが、数万元にのぼることが多い。貧しい中国社会が、それだけ無駄な人口を抱えるのだから、親が社会に対して扶養費を払わねばならない、という意味だ。だから、生まれたのが女の子の場合、間引かれることも多い。あるいは秘密裏に産んで、戸籍を取得しないことも多い。そういう子供を黒孩子《ヘイハイズ》と呼び、ときに売買対象にもなった。一九九〇年代初め、そういう戸籍のない子供たちは四千万人とも言われた。

このため、当時超生に対する取り締まりは非常に厳しくなっていた。黒孩子は、学校に上がったり、結婚したりする何かのきっかけのとき、ようやく必要性に迫られて戸籍を取得することもあるし、永遠にその存在を認められずに学校にも行かず、医療サービスを受けたり、法律の保護を受けたりすることもなく、闇工場や売春窟で誰に知られることもなく一生を終えることもある。いずれにしても、国家にとって不名誉なこととされた。

子供にはちゃんと戸籍がある

程麗の場合、三人目を妊娠したとき、村の計画出産委員会から堕胎するように指導された。身重の体を拘束され、厳しい尋問を受けて、堕胎をせまられた。

「役立たずの娘を二人も産んで、三人目も娘だったらどうするんだ」「そこまでしてなぜ産みたい」「お前らのせいで中国は途上国のままなんだ」

暴行以上に、罵倒の言葉が痛かった。八万元の罰金が科されることになった。それでも産もうと思ったのは、どうしても男の子が欲しいと思った、というよりは、むしろ意地だったのかもしれない。生まれたのは、女の子だったが、「死産」にする気にはなれなかった。意地で育てていく気になった。

「だから罰金を払うために、血を売ったのよ」

罰金を払うために、いったいどれだけの血を売ったのか、もう覚えていない。罰金を払いきれたのかもわからない。なぜなら、途中で夫婦とも、HIVウイルスに感染してしまったからだ。夫は二年前に一足早く没した。薄暗い家の中の祭壇の上にぼろぼろの写真があった。

「超生で罰金をくらったけれど、後悔はしていない。あの子を産んでよかった。血を売ってエイズになったけれど、私はまた同じことをしただろう。おかげであの子はちゃんと戸籍があって、ちゃんと学校にも行けた。素晴らしく頭がいい子で、なんとしても上の学校に行かせてやりたくなった。鄭州の重点中学で上位三位の成績なら、頑張れば大学に行けるかもしれない。そうなれば、農民戸籍を捨て都市の戸籍が取得できる。都市の人間として新しい人生があの子を待っている。何一つ後悔していない。死ぬことも怖くはない……」

話しながら程麗はぼろぼろ涙を流した。涙は鼻水と混じって、毛羽立った布団の上にどんどんしみこんでいった。

「ただ、ひとつ心配なのは、あの娘が、私たちのようなエイズの農民の娘だということがばれて、悪い噂がたつこと。学校でいじめられていないか、心配でたまらないわ。だから、冬休みも夏休みもこの村には帰ってくるなと言ってある。あの娘はいい子だから、素直に言うことを聞いて、学校に行ってから一度も帰ってこないんだ」

「会いたくないのですか」と私は聞いた。「死ぬ前に」という言葉は飲み込んだ。

「会いたいにきまっているじゃないの」

日に焼けて、深い皺が刻まれた顔がゆがんだ。顔を汚れた布団にこすりつけるように嗚咽した。

中国では五〇年代に整備された独特の戸籍管理制度が今も続いている。農村部に生まれた子供は農村戸籍となり、都市で生まれた子供と区別される。都市への人口集中を避けるため、というがこれは中国版アパルトヘイト（人種隔離政策）であり、事実上の身分差別制度といえ、農民の移動や就職選択の自由は大きく制限され、農民を貧しいままにしておく重石となった。

九〇年代に入り、農民の都市への出稼ぎは比較的自由になったが、それでも農民戸籍のままで暫定居住証という都市居住資格だけを持つ二等市民に据え置かれ、都市住民が当然受ける医療・福祉・教育の恩恵を受けられず、安価な労働力として搾取される対象だ。中国の経済は農民という〝国内奴隷〟を利用して発展してきたと言っても過言ではない。近年はこの農村戸籍を廃止しようという議論も起きており、テストケースとして農村戸籍の廃止を試みた地方もあるが、それでも今なお戸籍管理は厳しい。農民にとって、この戸籍制度から自由になる一番の近道は都市の大学に入学することだった。

農村では娘の地位は低い。しかし、大学を卒業して都市の仕事に就けば、男女の地位が逆転することもある。大学にさえ行ければ、農村の価値観から解き放たれる。農村で大学に行けるような娘を産むことは、男の子を産むことより難しい。農村で女に生まれるくらいなら牛や馬の方がましと言われる境遇から抜け出せる道が進学だった。程麗と夫は命を売って、娘にその道を拓いた。程麗の誇りである娘は鄭州で、どれほどのものを背負って勉学に励んでいるのだろう。姉たちが生活や学資を頑張って支えているのか。私はその娘に会ってみたいと思ったが、程麗は頑として居所を教えなかった。彼女がこのまま亡くなっても、娘たちは葬儀に帰ってこないのかもしれない。

中国当局からの警告

その夜、私たちは夜行列車で北京に帰った。あとで聞いたのだが、その二日後、村に警察が来て、力雄と建国を拘束した。二日間の拘留の間、別々に尋問されて「村によそ者をひきいれただろう」と責められたという。

「エイズのくせに、ぼこぼこ子供を産みやがって」「国家の恥」「エイズだからって何をしても許されると思うな」「お前らなんてその気になれば、いくらでもぶちこめるんだからな」……。殴るけるの暴行と、延々と差別的な侮蔑の言葉と脅しを受けたという。

建国はおいおい泣きながら、何も知りません、何も知りません、と答えるだけだったが、力雄は「そうだ、おれはエイズだ。だから死ぬのなんて怖くねぇ。殺すなら殺してみろ。だが、おれの血に触れたら、お前らもエイズになるぞ！」と言い返したという。

あのドスの利いた声で言い返したのか、と想像した。警官たちは、感染を恐れて、それ以上、力雄を殴れなかったという。二千元の「保釈金」で保釈された。その金は私が送った。力雄は「お前たちのことは一言も言っていないぞ」とあとで胸を張って伝えてきた。

だがその後、私たちは中国当局側から、文楼村に行ったことは口外しないようにと警告を受けた。私がエイズ村に行ったことは、彼らもとうに知っていたのだった。関係者の安全も考慮して、私たちは取りあえず、その警告に従うことにした。力雄の頑張りに応えられない自分を恥じた。

小娟とはしばらく連絡を取り合っていたが、彼女は結局、北京に来なかった。私は早めにその世界から足を洗って駐馬店市の恋人と所帯をもつのがいいのではないか、と何度か言ったが、余計なお世話だったのだろう。そのうち疎遠になった。

私が最後に、村の人々の消息を聞いたのはそれから二年後の二〇〇七年のことだ。呉月の友人の大学教授が、妞妞の境遇に大いに同情して自分で二万元を払って、状態の悪化した妞妞を上蔡県の病院に入院させた。中国の病院は治療費の前金を支払わないと入院できない。しかし建国は、入院先からその二万元の前金と妞妞を取り返して失踪した。娘を取り返したかったのか、病院にあずけた二万元の現金が欲しかったのか。そのあと妞妞と二万元がどうなったかは分からない。

中国当局から二度目の訪問は許さないと強く言われていたので、再びあの地は訪れていない。でもときおり、エイズという死神が居座るあの地で出会った女性たちのことを思い出す。河南省のエイズ問題や売血経済の裏にある汚職構造を人権問題や社会問題として報道する記事は海外メディアを中心にこれまでも数々あったが、そんな中でも、貧しくても、死の病に直面しても、貪欲に生きて、セックスし、子供を産み、育て続ける女性たちのことはどこのメディアも取り上げていない。

彼女たちのことを、強いというべきなのか、哀れというべきなのか。そのどちらかだと思う私自身がおこがましいのか。善悪という判断とはまったく別のところで、私の心はゆさぶられていた。

中国という国の強さも貧しさも不条理も、私にとっては、女の顔をしていた。

第二章 北京で彷徨《さまよ》う女たち

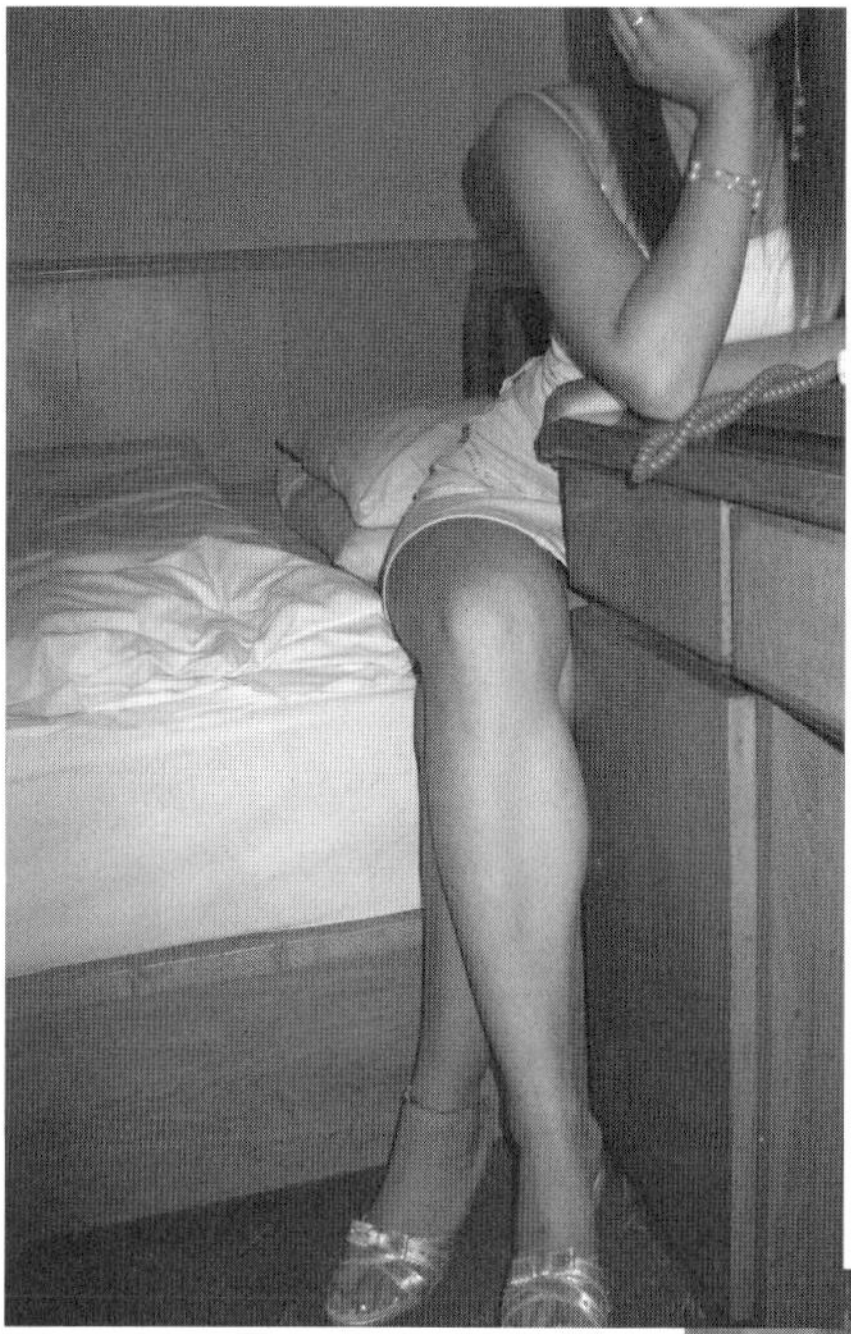

地方の女は、なぜ売春婦になり、
売られる花嫁になってまで
北京での「居場所」を得ようとするのか。
華々しい大都会の表に辿り着いた瞬間、
苦界に落ちるとも知らず……

私たちに居場所なんてないのよ！ ただ、慰める腕がほしいだけ——艶児

北京という街を一言で説明するなら、中国の首都であり、中国を代表する国際都市のひとつだろう。北京五輪という国際的な平和とスポーツの祭典の舞台にも選ばれた。私が駐在した二〇〇二年から二〇〇八年は、その五輪準備に向けてもっとも街並みが激しく変わり、発展が加速し、人口が膨張していった時期だった。北京市の定住人口は五輪が開催された二〇〇八年末時点で、千六百九十五万人に上り、うち北京市戸籍を有するのは、千二百三十万人弱。北京市の人口が千万人を超えたのが一九八六年。つまり近年新たに北京市民となった人の多くは中国全土から、夢や希望や野心をもって集まって来た人たちなのだった。

北京はそういう開放的ではつらつと活気にあふれた若々しい顔の裏に、歴史と伝統と文化の香りを漂わせた老練な政治の街の顔も持つ。過去に何度か血なまぐさい権力闘争が展開され、一九八九年六月四日に発生した天安門事件のように、市民に犠牲を強いることもあった。その一方で、特権階級に結びつくチャンスも、他の街より多い。親子代々北京に暮らす生粋の北京っ子というのはおそらく数百万人程度だろうが、五輪の再開発で旧市内から古い家が強制撤去される中、依然として昔の場所に居続けることができる老北京《ラオベイジン》（北京人）というのは、必ず政府や党、あるい

は軍の幹部とのコネクションがある特権階級と言っていい。表面的にみれば普通の公務員や会社員であっても、よくよく聞くと、実は由緒ある家系であった、というパターンはままあった。

そういう街ならば、偶然仲良くなる友人、出会う客、同僚に特別なコネがある人がいるかもしれない。そして特権階級とのコネをもつことが「発財《ファツァイ》（財をつくること）」にもつながる。

北京に体ひとつで出稼ぎにくる女性たちに、そういう強さと野心、抜け目ない政治的な嗅覚を感じることが多い。艶児《イエンアル》がまさしく、そういうタイプだった。

「夜の学校」に通う日本人駐在員

艶児は四川省綿陽の山間部の貧しい村から北京に出稼ぎにきた小姐《シャオチエ》、つまり水商売女性だ。二〇〇八年の四川大地震で大きな被害を受けたところだから、その地名を知っている人は、今なら多いかもしれない。私が二〇〇四年の暮れに彼女と初めて会ったとき、彼女は二十七歳、北京市の北三環路近くにあるカラオケ店の領陪《リンペイ》（チイママ）だった。中国人男性の友達に、北京の夜の世界をかいま見たい、と頼み込んで連れて行ってもらった、買春可のそのカラオケ店での彼女との出会いは忘れられない。

その店は門構えこそそんなに大きくはないが、解放軍関係者、公安関係者が客に多く、安全、つまり突然のガサ入れの心配がない、という〝優良店〟として香港商人や台湾商人の接待などにも使われていた。「ここの老板《ラオバン》（ボス）は、中南海《チョンナンハイ》（故宮に隣接する党中央の拠点）に顔パスで入って行く。国務院（政府）とも関係が深い」とささやかれている。

三階建で、窓のない外壁にはＫＴＶ（カラオケ）というアルファベットと漢字の店名が青とピンクのネオンライトでまたたいている。中は外から見るよりよっぽど広く、用心棒風の男性が待機している玄関ホールから階段で三階に上がると二十五前後の大小の個室があり、真ん中にはダンスフロア風の薄暗い空間とソファーが並ぶ大広間があった。そこに常時数十人の女の子が座ったり立ったりして、客の指名を待っていた。半分くらいは十代から二十代前半の若い娘で、残りのさらに半分くらいは三十代以上の女性だった。すべての女性をかきあつめると総勢二百人というから、けっこう大規模店といえる。ソファーには、部屋が空くのをまっているのか、客らしい中国人男性もビールを飲みながら座り、ホールにたむろする小姐たちの下着のようなロングドレスの下に透けてみえる乳房の形やショーツのラインに遠慮なく好色な視線を注いでいた。フロアには中国ポップスがかかり、各小部屋からも、カラオケの音が漏れ聞える。適度に今風だが、適度に垢ぬけていない。私たちは客というより、チイママの艶児の友達、という体裁でその店を訪れ、まったく買春をするつもりはなかったので、欲望に満ち満ちたその場の空気に、明らかになじめていなかった。そもそも素人女が来る場所ではない。

艶児は忙しいのか、なかなか現れない。黒服のボーイが、もう少ししたら来るのでちょっと待っていてほしいと、空いているソファーに案内した。友達は用事があるのか、どこかに行ってしまった。私はひとり、緊張しながら浅くソファーに腰をかけた。そのソファーにはいかにも「欲望の匂い」がしみついていそうで、ゆったりと座る気になれなかったのだ。突然、男の怒声とガラスの割れる音がして、私はソファーから飛び上がってしまった。

一つの部屋の扉がバーンッと開いたかと思うと、割れた酒瓶を振り上げた男に追われるように血まみれの男が飛び出してきた。ソファーに座っていた小姐たちが「きゃあああ！」と悲鳴を上げて逃げまどった。男二人は血まみれになりながら、なおも取っ組みあい、その傍らで少女のような若い小姐が泣きじゃくっていた。血まみれの男はホールにあるソファーセットに置いてあるグラスやビール瓶を投げ付け反撃すると、的をはずれたそれはドアの小窓のガラスにあたり砕けた。二人とも身長百八十センチはありそうな大男である。頭に血が上っている彼らを、小姐たちはもちろん、中学校を卒業したばかり、といった子供顔のボーイにも止められるわけがない。私はソファーの上で固まったままだ。下から物音を聞きつけた用心棒風の男たちがようやくなにごとかと上がってきて、この野蛮な客をつまみだそう、と駆け寄った。だが、その男たちより早く、二人の血まみれの客の間に割って入る小さな姿があった。

「お客さん、いいかげんにしてください！」と言ったのだろうか。四川なまりのハスキーボイスは大声ではないが、キリリと場の空気を冷却する迫力があった。細い腕で二人の胸を押して分け入り、頭二つ分は高い二人の顔を交互に見上げ、「何が原因ですか」というような詰問をした。弧をえがく蛾眉《がび》の下に、目じりの切れ上がった大きな目が印象的な美人である。その気迫のこもった美しい視線に射抜かれたように、興奮状態だった二人の客は一気に弛緩した。彼女は争いの発端であろう、泣きじゃくる小姐に「奥へ引っ込め」と目で合図したあと、二人の客の袖を引いて、ホールの片隅でなにやら話し込んでいた。察するに、双方の言い分を聞き、取りあえず今日は大人しく帰ってくれるように説得したようだ。もちろん、二人の客が帰ろうとした時、割れたグラスなどを指さして金を請求するのを忘れなかった。男たちは不満そうな、恥じ入っているような複雑な表情で、ポケットを探り赤い札を何枚か出したが、彼女が首を振ると、さらに十枚ばかりを引っ張り出した。今度は楽しく遊びにきてね、という風情で二人の肩や背中をたたきながら笑顔で送り出したあと、彼女は、ふうっ、と大きな溜息をついて崩れるように、私の隣のソファーに座りこんだ。一部始終をソファーから動かずに見つめていた私は思わず、「あなたすごいわねぇ」と声をかけた。彼女はちょっとびっくりした様子でこちらをみた。そして「本当は怖かったのよ」と、にやっとした。それが、艶児だった。

艶児は美しい女だった。身長は百五十五センチと小柄だが、小顔で引き締まったウエストと大きな胸、そして細く長い手足をしていた。長いストレートの黒髪を背中にたらし、額はあげていた。その方が弧を描く眉とアーモンド形の大きな目が際立った。彼女は他の小姐とは違って、黒のパンツスーツを着ていて、肩や足の露出は少なかったが、そのかわり深くV字型に切れ込んだ胸元から匂い立つ色香は、女性の私がみてもドキドキするほどだった。さっきの鮮やかな酔っ払いの喧嘩の始末の付け方をみても、猫のような顔立ちが与える印象から言っても、度胸と頭は相当よさそうだ。

友達が帰ってくると、彼女を正式に紹介してくれた。彼と艶児は、本当のところどういう関係なのだろう。その友達は、そういう水商売系女性にやたら知り合いが多いのだが、それは決して妓女と客の関係という雰囲気でもない。彼はそういう職業の女性に対しても、普通の友達のように親しみと礼儀をもって接するタイプだったから、女性たちも、嫖客《ピャアオク》（買春客）のようには扱わなかった。艶児が嬉しそうに両手を広げて彼を歓迎するしぐさをみると、ひょっとすると昔は本気で惚れていた時期もあったのかしらん、と思う。彼が私を「好朋友《ハオポンヨウ》（親友）だ、夜の世界のことを知りたいそうだ」などと紹介すると、いたずらっぽく笑って「じゃあ、うちで働いてみる？　体験も必要よ。日本語の話せる小姐なら、たぶん高く売れるわよ」と言った。好朋友の好朋友は好朋友という北京の法則に従って、私は生まれて初めて「夜の蝶」の友人を持つことになった。

中国語の話せない日本人男性駐在員が、「夜の学校に通っている」と言えば小姐のいるスナックやキャバクラ通いのことを指す。昼間仕事に忙しく語学学校に通ったり、家庭教師について中国語を勉強したりする時間がない働き蜂の日本人男性は、仕事帰りに片言の日本語が話せる小姐がいる店に通い、小姐との交流を通じて片言の中国語を覚えていく、そうだ。そして覚え知るのは、言葉だけではない。そこは、リアルな中国を知る窓口にもなっている。

政府系シンクタンクの社会科学院が当時、非公式統計としてはじき出した数字によれば、中国では売春を生業としている女性は六百万人前後、潜在的に売春しうる職業の女性、つまりホステスなど水商売女性全般を含めると、その数は倍の千二百万人に上るという。中国人口が十三億人で単純にその半分七億五千万人が女性だとすれば赤ん坊から老人までをふくむ全女性の六十三人に一人が売春していることになる。北京で見かける美しい女性の五人に一人が売春婦、という言説が流布していたが、子供や老人、既婚者などを除けば、あながちその確率はまったくのでたらめではない、かもしれない。

彼女たちの多くは地方出身で、外国人や中国人セレブや高級官僚や党幹部向けの特定の店は現役女子大生や中央戯劇学院、北京電影学院出身の女優の卵といったような高学歴者もいるけれど、たいていは貧しい農村や地方都市労働者家庭出身で貧困からの脱却方法として売春という職業を選ぶ、あるいは転落する。特別なスキルをもたない女性たちは自らを切り売りしていくしか、現金収入を得る方法がない。アンバランスな市場経済が発展し、拝金主義が蔓延するなか、〝手里《ショウリ》没銭活死人《メイチエンホワスーレン》〟（金がないのは死人と同じ）、である。

欧米ビジネスマンのように、バーやダンスクラブで客を装うコールガールに声をかけて一杯やりながら交渉して一緒に店を出てホテルへ、という真似が苦手な日本の駐在員男性は、ふつう「日式」と呼ばれるスナックやカラオケに行く。日本のスナックのように、ママやチイママがいて、片言の日本語が話せる若い女の子がいて、酒を作ったり、一緒にカラオケを歌ったり、簡単な中国語を教えてもらったりする。

駐在員男性が「ニィヘンクーアイ（君はとっても可愛いね）」だの「ニィラオジャーナーリ？（故郷はどこ？）」だの「ヨウメイヨウナンポンヨウ？（彼氏いる？）」から始まって、たどたどしいコミュニケーションをしているうちに、相性のいい女性と次第に深い関係になっていき、やがて「チンイーシァ」（ちょっとキスして）」「ツォアイバ（メイクラブしよう）」といった言葉が交わせるようになると、今度は女性たちから、いろんな頼みごとや相談も持ちかけられる。

聞けば、その相談事はだいたい内容も順番も共通している。

最初が「携帯電話なくしちゃった。だからあなたと連絡がとれない」。

そこで男性は三千元を渡して「これで携帯電話を買いなさい」となる。

次は「弟の進学費用」。

その次は「父親が病気」。

あるいは「こういう水商売から足を洗いたい。日本語学校で勉強したいので……」「商売を友達とやることになった、必ず返すから……」。

だいたい同じような頼みごとを、駐在員男性はおもしろいように真に受けて、援助を惜しまない。で、ある日突然、彼女に贈った携帯電話番号が通じなくなる。そのころはすでに数万元を彼女に貢いだあと。もっとも日本人駐在員にとって数万元は、警察沙汰にするほどの金ではなく、なにより妻子ある場合はこちらも騒ぎになってはまずいので、「少々高い授業料を払って中国女性というものを勉強させてもらった」ということで終わりとなる。半分都市伝説のようになっている「ある駐在員の話」は、どこまで本当なのかは、わからないが、私の周辺の駐在員男性には確かに「携帯電話」と「弟の進学援助」と「母親の手術」を頼まれて二、三万元を出資した人がひとりならずいた。「それたぶん、騙されていますよ」と指摘すると、意外なことに指摘されるまで、本気で彼女が自分に惚れていると信じ切っていたりする。そして最終的に騙されていたことを自分で納得すると、いかに中国の小姐たちが可愛くてしたたかであったかを、述懐するのだった。

私は、日本人男性がどうしてそんなにワンパターンな言葉でころりと騙されるのかが不思議で、いったい中国小姐はどれほどの魔力をもっているのか、ずっと自分の目で確かめたいと思っていた。異国に行ったとき、その土地を一番理解できるのは、女を買うことだ、と言った人がいた。もし私が男性であっても、女性を通じてこの国の本質を知るのが一番手っ取り早い、と考えただろう。でも、残念ながら私は女で、知り合いの日本人駐在員に、そういう店に連れて行ってくれ、と言っても連れて行ってもらえない。自分の秘密の花園に、女の知り合いをあえて迎え入れるわけがない。たまに上品なスナックに連れて行ってもらうが、いわゆる「過激系」と呼ばれるきわどいショーやサービスを提供する店については、話に聞いても私は自分の目で見たことがなかった。

「市中引き回しの刑」に処せられる売春婦

そういうわけで、私は中国人の男友達に頼みこんで中国式の「夜の学校」に飛び込んだ。そして、いきなり酔っ払いの喧嘩を目の当たりにした。

以来、私はときどき、一人で艶児の店に行った。私の観察するかぎり、この世界はそれまで日本人駐在員から聞いたような、疑似恋愛の駆け引きの結果、したたかな中国小姐にまんまと騙された、といった甘いものではなかった。もっと暴力的で生々しい、即物的で救いようのない欲望と向き合いながら、なんとか生き抜いていこう、ともがきあがく女たちの、文字通り苦界《くがい》であったと思う。

酒も飲まない私は、店に行くと、出された中国茶をすすりながら、ホールに座り、艶児の仕事が終わるのを待った。

この店のシステムは、他の中国式KTV店と同じで、まず客が来るとカラオケセットと合皮ソファーのある小部屋に案内される。客はソファーにふんぞり返って飲料を注文する。ビール一ダースと果物で二百元というセットがお得だと勧められる。この部屋に小姐が、ぞろぞろ十人ずつくらい入ってくる。客はその中から自分の気に入った小姐を指名する。指名された小姐は客の横に座って、酒の相手をしたりカラオケを一緒に歌ったり、懸命にサービスを尽くして、自分をアピールし、その結果、客が気にいれば彼女を買うことになる。その価格は年齢と美貌によって違うが、だいたい千〜千二百元だ。買い手がついた小姐は、チイママや部屋係にチップを渡す。これは義務ではないが、そうしておけば、金払いのよい上客が来たとき、自分を優先的にその部屋に連れて行ってくれるので効率よく稼ぐことができる。ちなみに客も、チイママや部屋係に百元くらいのチップを渡す。そうすれば、次に来たときも十代の美しい小姐を優先的に回してもらえるようになる。売春ができなかった小姐たちも、ふつうなら自分を指名した客からチップがもらえる。このチップ料金も相手まかせだが、常識的な相手なら一時間につき百元くらいは払う。指名を受けた小姐は最低でも百元は収入を得ることになる。店としての収入は主に飲料代と六百〜千元の部屋代で、聞けば売り上げは一日五千〜二万元という。どれだけ多くのチップ払いのいい客を店に呼び込めるかが、チイママや部屋係の手腕となる。

忙しさのピークは午後九時から十一時ごろまで続き、その間、いろいろな客がくる。地方から北京観光に来ました、という風情の集団あり、やたら偉そうな官僚風あり、本物か偽物かは遠目には分からないが、これ見よがしにロレックスをつけている炭鉱成金風あり、肩で風切るチンピラあり、目つきの厳しい公安風あり。

それを過ぎると、今夜はお茶ひきが決定の女の子たちが、だらだらと集まり、鴨舌《ヤーシア》の燻製なんかをつまみながら、世間話をする。私はそれに混じって、彼女たちの身の上話などを聞く。

女の子たちの話はたいていたい似通っている。

私「どうしてこの店にきたの？」

小姐「友達が先にここで働いていて、その伝《つて》を頼って来たのよ」
私「体を売るという覚悟で来たの？」
小姐「ん……。そこまでは考えていなかったかな。でも大都会で働けばチャンスがつかめると思ったから」
私「最初に体を売るときどうだった？」
小姐「緊張した。でもチイママが気を遣ってくれたから、わりといい人にあたったよ」
私「恋人はいるの？」
小姐「いない。でも欲しいなあ。結婚したい。今の暮らしは寂しすぎるもの」
私「将来はどうするの？」
小姐「そうだ！　日本人と結婚したい！　農村でもいいの、日本に嫁ぎたい。おねえさん、日本人男性と結婚する方法おしえて」……。

小姐らとの会話で一番盛り上がるのが、客の悪口だ。満州族の小蟬《シャオチャン》は二十二歳の透けるような色白肌の娘だった。「いちばん嫌なのってどんな客？」と聞くと、彼女は「私たちはあの部屋の扉が閉められたあと、客から何を要求されても従わなきゃいけないの。そりゃ屈辱的な要求もされることがある」と訴えた。一番、嫌な思いをしたのは、服を脱げと命令され、四つん這いにさせられたことだった。彼女に嫌だという権利はなかった。経験の浅い彼女は涙を浮かべながらいう通りにしたという。彼女を眺めながら、客は合皮ソファーの上で、ズボンを脱いで自分でことを済ました。もらったチップはわずか百元。部屋から出てきたあと、彼女は友達の小姐の膝にうっぷしてわんわん泣いたという。メンツを重んじる中国人、特に北京の人間にとっては、人前で屈辱的なことをさせられることの方が、単なる性行為よりプライドが傷つけられる。しかも金にならない。

　こういう最低の客は仕事や観光で来た地方都市の男たちだという。一生に一度来るか来ないかの北京で、一度くらい美しい小姐を買ってみたいと背伸びをしてこういう店にやってきたものの、小姐一人を買うには金がたりない。だから、最低限のチップでやりたい放題、小姐をなぶったわけだ。

　別の小姐が言う。

「二人一度に相手しなきゃいけない時もあったよ」

　北京に出稼ぎに来ていた農民の兄弟で、一生に一度でいいから北京の美しい小姐を買いたいけれど、お金がないから二人で一人分の料金でお願いします、ということらしい。中国の農村では嫁取りのために家を建てるなど相応の金がかかる。結婚できず、三十歳近くで童貞という男性も少なくない。出稼ぎ農民向けの安い売春婦もいるのだが、そういう女性は年もとり、美しくなく、ときに体や精神に障害を負っていたりする。若く美しく健康な女性を抱くということは、貧しい農民男性にはなかなか叶わぬ夢らしい。

「生まれてから一度もお風呂に入ったことのないような体臭だった」と彼女は身震いしてみせた。嫌な客は多いが、商売自体が違法だから、客から密告されないためにも、トラブルは絶対さけなければならない。小姐たちは客の要求にそむけないのだ。

こんな店にいても、体を売らない女性もいた。二十五歳の小欣《シャオシン》は、艶児と同郷で、やはり四川女性らしい小柄できびきびした動作が頭のよさそうな印象を与える美人だ。最初は売春婦としてここにやってきた。だが「どうしても体を売る仕事に慣れなくて、部屋係に回してもらったの。十代のころはお金持ちとかが相手にできるけれど、二十五歳をすぎると無礼な田舎者も相手にしなきゃいけない。それが耐えられないの。あんな屈辱に耐えるくらいなら、実入りは悪くても部屋係でいい」という。

部屋係は、自分の担当の部屋にどれだけ上客を呼び込めるか、客をどれだけ回転させられるかが評価や収入にかかわってくる。ノルマのかかるセールスマンのようなもので、決して楽な仕事ではない。客と一夜過ごせば千元の売春の方が数倍手っ取り早いだろう。ただ、彼女の場合は、売春婦時代の上客とのパイプを拡大したり、その上客を若い小姐に紹介して恩を売ったりして、いろいろな方面に人間関係を広げられる、そういう才覚があったのだろう。学校など出ていなくても、そういう才覚を実際の社会の中で磨き、先のことを考えることができる人間は、ある年齢から自身の値段が急落し、屈辱を突きつけられる売春業から早々に足を洗う選択も可能だった。

では、そういう選択ができなかった売春婦たちは年をとるとどうなるのか。

私はこの店のトイレに行ったとき、それを見た。男性用トイレは客が使うので常にボーイが掃除をして清潔に保っているようだが、女性用トイレは店の小姐が使う業務用なので、汚れ放題だった。戸の鍵は全部こわれ、ごみ箱には使用済みの丸めたトイレットペーパーがあふれかえり、生々しい臭いを放っている。空いている便器は汚物がつまっていて使用不可能だった。もうひとつの個室は、小姐は戸をあけたまましゃがんで用を足していた。そして洗面台の前で化粧直しをしている別の小姐と、そのままの姿で長々と世間話をしていた。ホールは薄暗く照明を落としているのであまり気にならなかったが、トイレの蛍光灯の明るさは、彼女らの顔や首や胸元にあらわれた年齢と疲労を容赦なく暴きたてていた。私には自分より年上に見えたが、中国女性は年齢より老けて見える。本当は三十歳すぎではないだろうか。

私は手を洗う振りをしながら、彼女らの会話に聞き耳をたてる。便器にしゃがんだ小姐はたばこを吸いながら、気だるげに訴えていた。

「弟が結婚するのよ。だから、お前の帰ってくる場所はないってさ。あたしが送金したお金で、家も建てたし結婚もできたのよ、それなのに！」

洗面台の前に立っている小姐は聞きながら、顔の皺をファウンデーションで埋め込んでいた。これでもか、というほど厚塗りにしているので、塗り壁のようだったが、それでも老いは隠せないでいる。

「私なら、絶対帰りたいなんて思わないわ。帰った方が嫌な思いするの、分かりきっているじゃないの」

そう答えながら口紅を塗りなおした。真っ赤な口紅の端がにじんでいた。そして吐き捨てるように言った。

「私たちに居場所なんて、どこにもないのよ！」

娘が出稼ぎに行き、実家に送金するのは、農業を継ぎ家長となる長男の結婚資金を稼ぐため。これは、中国ではありふれた話だ。しかし、娘が売春婦というのは、それがたとえ家族のために稼ぐためであっても、親兄弟にとっては人には言えない恥辱となる。中国では売春行為は違法であり犯罪であり、捕まれば法的刑罰を受けるだけでなく、社会的にも制裁を受けることがある。たとえば二〇〇六年十一月の末、広東省深圳市福田の公安当局が売春婦四十人を含む百人の関係者を逮捕したさいには、中国でポルノを意味する色彩の黄色の服を着せ、手錠につなぎ市中を引きずりまわして見せしめにしたことがあった。これは中国中央テレビはじめ中国メディアも報じた。沿道では市民からヤジが飛ばされ、女たちは涙を流しうなだれていたという。もちろん、インターネット上では、売春が農村女性にとって救いようのない貧困から脱出するためのやむを得ない手段であった背景などを説明し、こういった「市中引き回しの刑」が人権無視の前近代的なやり方であることを非難する声も少なくはなかったが、そういう意見は一部の都市の知識階層から発せられているものにすぎない。農村の常識では売春をするような女性はどのような辱めを受けてもいいレベルの女性と見なされている。二〇一〇年、この「市中引き回し」を禁ずるという通達が公安当局から出されたが、人々の心にしみついた、こういう女性への侮蔑の意識は簡単には変わらない。

毛沢東時代のスローガン「婦女能頂半辺天（女性が天の半分を支えている）」から、中国は男女平等が進んでいるという人がいる。実際、上海や北京の都市中産階級家庭を見れば男性がかいがいしく働く妻のために料理や育児を担っている姿を目にし、私にも「結婚するなら中国の男性がいいですよ、家事をよくする」と勧める人もいる。だが中国人口の半分以上は農民であり、農村には中世封建時代と変わらぬ厳しい男尊女卑の価値観が根づいているのが現実だ。売春婦は、世の中でもっともいやしい職業のくせに金をもっている、という意味でしばしば、低層社会の敵意の的にもなっていた。北京五輪前に、北京市を流れる川などから売春婦とみられる身元不明の女性の殺害遺体が相次いで発見されたことが一部で報道されたが、それ以前もそれ以後も売春婦の殺害や失踪はしばしば発生している。ただ、警察が事件として取り扱わないし、関係者も事件として告発しないから、表に出てこないだけだ。私が個人的に知っているだけでも、北京市石景山区の場末の店に在籍していた売春婦二人が行方不明になっている。店の人間は、彼女らが殺されたと考えるに足りる心当たりがあるようだが、それを警察に言うことはない。警察に通報すれば、自分たちの違法売春営業を取り締まられることになるからだ。

当時二十七歳の艶児は、今は売春はぜんぜんやっていない、と自分で言っていた。でも、それはおそらく嘘で、古くからのなじみの客には今も体を売っている、という人もいる。どちらにしても、トイレで、迫る老醜をなんとか隠しながら、どんどん自分の値段を下げていかなければならない女たちとは格が違っていた。話してみればわかる。彼女は頭の回転が速い。彼女の月収はチップ込みで、五万元前後、ときに八万元になることもあった。

彼女は十六歳で故郷の村を離れ、陝西省西安市に出稼ぎに行った。西安では先に長兄が出稼ぎに行っており、その伝で飲食店のウエイトレスなどの仕事をした。しかし、そういう地道な仕事は身を粉にして働いてもいくらも稼げない。何も持たない農村の女が手っ取り早く稼ぐには水商売しかなかった。同じ稼ぐなら都会に限ると、西安で知り合った女友達と一緒に北京に出て来たのが二十一歳の春。それから四年、この店で働き続け、チイママに出世した。彼女はおそらく上客をひっぱってくる才覚があったのだろう。彼女は売春時代の自分のことをあまり語りたがらないが、人づてに聞けば超売れっ子で上客がいっぱいついていた、という話だった。「香港商人が艶児にぞっこんになって当時六十万元ぐらいするマンションをプレゼントしたんだよ」と、彼女を最初に私に紹介してくれた友達はいう。

「あのマンションをずっと持っていたら、今ごろは四〜五倍になっていて、こんな暮らしから完全に足を洗えたのに」

その足を洗う機会を逸したのは、売春婦がやってはならないことをやってしまったからだ。恋をしたのだ。純情な恋を。

相手は、北京の名門の大学生だったという。どこで知り合ったのかはよく知らない。客として来たのか。そんな裕福な大学生がいるのだろうか。どちらにしろ、彼女は夢中で「私の彼は大学生なのよ！　知識階級よ！」と自慢していたそうだ。「将来は実業家になりたい」。そんな夢を語っていた。艶児も大卒の男性と結婚して、実業家の妻になる、そんな夢を本気で見始めていた。卒業を控えて、彼が事業の資金がいる、と艶児に相談したとき、彼女はマンションを売って金にかえ、すべて彼に渡した。しばらくして、彼の携帯電話が通じなくなった。中国ではありふれた話である。

警察に詐欺だと訴えるわけにもいかない。彼女は売春婦、彼女自身がこの国では犯罪者なのだ。その後、かなり荒れた時期があったとも聞くが、私が彼女と出会った二〇〇四年暮れには、すでに立ち直った様子だった。私はそのことにはできるだけ触れないように気を遣った。二〇〇五年には、空軍所属の彼氏ができたと聞いたが、それはなじみの客の延長のような付き合いで、以前ほど純情な恋ではなかったかもしれない。なぜなら、その頃、彼女はしばしば彼氏とは違う若い男を買っていたからだ。

「売春夫を探しに」……

二〇〇六年の夏、久しぶりに店に来て、お茶ひきの小姐たちとお喋りをしていると、午前二時に仕事をようやく終えてやってきた艶児が「あなた、男に興味はないの?」と聞いた。「男の子が好きなら、アレンジしてあげるよ」。そして他の小姐たちに向かって「久しぶりに好朋友が来たから、みんなで鴨子《ヤーズ》を買いにいこう!」と声をかけた。

彼女はヤーズ、つまり売春夫と言った。

若く美しい女性が、貧困から脱出するために体を売るように、若くて美しい男性も体を売る世界がある。一般に、そういう女性を小姐《シャオチエ》(お嬢さん)と呼ぶように、そういう男性は少爺《シャオイエ》(おぼっちゃん)と呼ぶ。鴨子というのは、小姐を鶏《ジー》と呼ぶのと同様、多少の侮蔑の意味が含まれている。彼女は「鴨子を買いに」と言った。

「あなたは私の好朋友だから北京で一番いい鴨子が揃っているところに連れて行ってあげるわ」。

タクシー二台を連ねて妹分の小姐らと一緒に到着したのは、和平里にある大型KTV店だった。地上三階建でKTVと派手なネオンが光っている。外見は普通のカラオケ店だったが、一階のエレベーターホールで見かけるのは若い女の子ばかりだった。みんな茶髪で化粧が濃く、きれいにマニキュアを塗った長い爪をしている。艶児が携帯電話をかけると、三十歳前後の男性がエレベーターで降りて来た。少爺というには年を食いすぎているので、雇われマネジャークラスだろう。

「阿波《アボ》!」と艶児は親しげに名前を呼び、「こちら私の好朋友だから、店で一番ハンサムを揃えてね！」と腕をからませた。

　エレベーターで三階に上がると、番号の振られた小部屋のドアが長い廊下に沿って並んでいた。造りはどこのKTV店とも同じようなものだ。カラオケの音が漏れ聞えている。案内された部屋は十畳ばかりで、やはり合皮張りのソファーとカラオケセットがある。艶児の店と雰囲気はそう変わらない。ソファーに身を投げた艶児の足元に、阿波は下僕のようにかがみ、彼女のくわえたたばこに火をつけた。

「ビール三ダース、それから果物。鳳爪（鶏の爪）の四川風、ピスタチオ、えーと……」

　煙を吐き出しながら景気よく注文する艶児に、私が「そんなにいいよ、わたしお酒飲めないし」と口をはさむと、「ビールはお酒じゃないわよ。それに今日は私のおごりなんだから」と一向に構う様子がない。「ね、どんな子が好み？」と聞くので「背が高けりゃそれでいいよ」と取りあえず答えておくと、阿波が「じゃあ東北のよさげなのを見つくろってきますよ」という。まるで、大連港から今朝新鮮なのが入っていますよ、という寿司屋の親父のような口ぶりだ。

　ずらずらと十人ばかり少爺が行列になって入って来た。こんなところも艶児の店とそっくりだ。違うのは少爺の着ている服が、小姐のようなスケスケのお揃いのロングドレスではなくて、Tシャツやジーンズ、ポロシャツやスラックスと、それぞれが、自分がかっこいいと思う服装をしている点だ。アディダスやドルチェ&ガッパーナといったブランドマークがついているが、それが偽物であることはすぐ分かった。私から見れば、泥臭いそういうファッションも、艶児の妹分の若い小姐らにはセンスがいいと見えるのだろう、顔を上気させて、舐めるように見比べている。

私がいまひとつ気乗りしてなさそうな様子に、艶児は「もっといいのを連れて来てよ」と声を荒げたので、阿波はあわててさらに十人を連れて来た。「この店、何人いるの？」と聞くと、阿波はすまなそうに「だいたい百人はいつも揃えているんだけど、もう結構遅い時間だから、一番いいのは出払っているんだよ」という。私が選ばないと、他の小姐たちも選べないので「大学出ているひと手を挙げて」と声をかけ、手をあげた三人のうち、一番背の高いのを選んだ。艶児の店は大卒の小姐などいないのに、この店ではけっこういるのだ。私が選ぶと四人の若い小姐たちは、争うように自分の相手を選んだ。みんなジャニーズ事務所の新人をやぼったくしたみたいな、可愛い感じの男の子だった。艶児はおそらく、なじみの子だろう、どこからともなくやって来たたくましい男の子の膝の上にすでに乗っていた。

私の相手となった男の子は、大連出身で源氏名を阿海《アーハイ》といった。阿海は眉毛の太い、一昔前の日本のアイドルのような顔をしていて、ジーンズにブレザーというアイビールックを思わせるファッションだった。

「いくつ？　どこの大学出ているの？」

スナックにいるオヤジのような質問を、新聞記者が取材するような口調でする。彼は二十五歳だ、と言った。北京なんとか学院という、私が聞いたこともないような私立の学校を卒業し、今は不動産のセールスをしているという。「少爺はたんなるバイトさ。週二、三回ここに来るんだ」。この店は「堅気の男の子」が揃っているというのがウリらしい。簡単な面接に合格し、二十五元を支払うと誰でも、店で待機できる。客がついて外に出るときに百元支払うシステムだという。

当時は不動産投機ブームのピーク時であり、歩合で給料がきまる不動産セールスというのはおもしろいように儲かった時期だった。

「儲かるでしょう。一カ月どのくらい稼ぐの？」と聞くと、ちょっと自慢げに「二万元入るときもあるよ」という。
私「じゃあ、なぜこんなバイトを？　バイトする必要ないでしょう」
阿海「早くお金を貯めたいから。必ず毎月そんなに収入があるわけじゃないし」
私「お金を貯めてどうするの？」
阿海「事業を起こすんだ。自分の会社をつくるのさ。そして、結婚して幸せな家庭をつくるのが夢さ」
なんとなく、聞いたような話だった。ひょっとすると、艶児から金を巻き上げた大学生も、こういう場所で知り合ったのではないだろうか。
私「こういう水商売をしていたら、幸せな結婚は望めないかもよ」
阿海「だから、誰も僕の過去を知らない街に行って事業を起こしたい」
私「お金は貯まった？」
阿海「うーん、もう少し……」
彼は私に話すとき、すぐ耳元に口を寄せてささやいた。耳たぶに唇がふれるのがうっとうしかった。事業、結婚、幸せな家庭……。こういう言葉を耳元でささやかれて、客の小姐たちは何を感じるのだろう。少爺とはいいながら、高等教育らしいものも受け、昼間は堅気の仕事（日本でもかつて〝千三屋《せんみつ》〟ともいわれたこともある不動産のセールスマンを堅気の仕事というなら）をして、そこそこの収入もある若くてハンサムな男性が、耳元で自分の将来の夢を語るのだ。一緒についつい夢を見てしまうこともあるかもしれない。売春からきれいさっぱり足を洗い、誰も知らない街で実業家の妻になる夢を。思わず、「いくら足りないの？　そのくらいなら私が出してあげる、一緒に新しいスタートを切りましょう！」と言い出してしまうこともあるかもしれない。

中国は徹底して男尊女卑なのよ

他の小姐たちの様子を盗み見ると、彼女たちは目をきらきらさせて、自分の相手に甘えている。サイコロ遊びをして、負けたら酒杯を空けるというゲームをして、興奮して嬌声をあげる様子は、初めての合コンで羽目をはずす日本の地方出身の女子大生とそう変わらない。そこにいるのは売春婦ではなく、年相応の女の子。同じ年頃のかっこいい男の子と親密になることに有頂天になっていた。

阿海は、今ひとつ乗り気でない私にちょっといらいらして、貧乏ゆすりを始めた。中国の男性は貧乏ゆすりをよくする。それは内心、コンプレックスを感じたり自信を失ったりしたときにでる癖だと聞いたことがある。悪いと思って、あわてて彼のルックスをほめちぎる。相手に気を遣わせる少爺（ホスト）なんて、日本ならすぐクビになるな、と心のなかで毒づきながら。

阿海が皮ジャンを着て愛車と一緒に収まった写真（ラミネート加工済み）などを自慢げに見せ始めて、そろそろ彼のナルシシズムに付き合うのに耐えられなくなったころ、お気に入りの男の子の膝の上で猫のように甘えていた艶児が、つと身を乗り出して私の耳にささやいた。

「その子、千五百元でお持ち帰りできるわよ」

私はトイレに誘う振りをして、艶児を部屋の外に呼び出すと、「悪いけどこのまま帰らせて」と頼んだ。

「週末なのに、仕事？」と艶児はちょっと不服そうだ。

「あの子、ダメだった？　初見の客からは本当は千七百元とるのよ」

「いや楽しかった。ありがとう。でも、ちょっと高いね。あなたたち、いつもあんなに高いお金出して、男の子を買うの？」

「なに？　鶏が自分たちより高い鴨を買ったらだめなわけ？」と返ってきて、しまった、と思った。

でも艶児は本気では怒らなかった。だが自嘲ぎみに続けた。

「中国ではね、徹底して男尊女卑なのよ。こんな世界でも男は女より上等の値がつく。でも、たまにはいいじゃない。大事にされてみたいのよ。私たち毎日毎日すごく大変な仕事しているのよ。本気の恋や結婚を望んでいるわけじゃないわ。ただ、無性に慰めてくれる腕がほしいだけ。あなたにもあるでしょう、そういう瞬間が」


とにかく帰ることにした。「三百元くらいチップあげて」という艶児の助言どおり、阿海にお札を握らせた。艶児はじめ他の小姐たちがみんな、男の子の腕をとって連れ帰ろうとするとき、自分だけがおいてけぼりにされて、いたくプライドが傷ついた様子だった。エレベーターで下に降りると、今にも事を始めんばかりに熱い抱擁を交わすカップルが何組かいた。みんな小姐と少爺の組み合わせのように見えた。

外はすでに明るかった。時計は午前六時をさしている。

みんなと別れて白タクに乗る。

彼女らはこれから、自分の寝床に帰ってほんのひととき浅い夢を見る。その夢がせめて甘いものであれば、いつかこの世界から抜け出してやろう、という明日への気力につながるのかもしれない。お門違いな祈りかもしれないけれど、そうであってほしいと思って、走り去る車の中から彼女たちを見送った。

殺すより売る方がよっぽどいいでしょ――小華・小海

一言で北京の夜の女、といってもいろいろだ。たとえば銀座の一流ホステスのような大物政治家や大企業CEOを相手にするような女性もいる。伝え聞くところによれば、「天上人間」という高級クラブでは、座って女の子たちと酒を飲むだけで一晩何万元、何十万元もするそうである。真の経営者は党中央幹部の血を引くものとも、軍と関係が深いとも言われている。そこにいるホステスはたいてい中央戯劇学院や北京電影学院に在籍している女優の卵で、中には修士や博士の資格をもつ優秀な学生もいるそうだ。表向き売春斡旋はやらないが、客が個人的に親密になったという建前で、売春は行われているという。女性に支払われる対価は一晩七千元以上と聞いた。二〇一〇年春に、「天上人間」などその手の高級クラブに北京公安当局の手入れがはいり、防火安全上と風紀上の問題を理由に半年の営業停止処分となったが、それは極めて異常事態だったので、北京市民は背景に権力闘争があるのだとか、根拠のない噂をささやきあったものだ。

あるいは胡同（下町の路地）の一角の普通の四合院の建物の中に、軍が隠れて運営するナイトクラブがあり、軍の歌舞団から派遣された一流の踊り子たちがサービスしてくれる、という話もある。そこに行ったことのある人が、「ウイグル族の素晴らしい美女ばかりだった」と後で教えてくれた。そういう特権階級の世界にアクセスするには特別のコネが必要で、私などが簡単に近づくことはできない。艶児の世界は、そういう社会階層でいえば、中産階級だった。彼女らの客の多くは中産階級で、ピーク時は月収何万元ある彼女らもある意味中産階級といっていい。

では艶児らより下の階層の女性たちはどんな世界に生きているのだろうか。それはいつか艶児の店のトイレで見かけた老いた売春婦たちの転落する先なのだろうか。

あの男のせいで、私の人生は狂ったのよ

石景山区のはずれに、五十歳を過ぎた売春婦がときどき立っている、と聞いたのは二〇〇六年の初めごろだ。私が小姐たちに興味を持って取材していると知った友人が、そういう話をしてくれた。街灯のひとつもなく、相手の顔も見えないような暗闇の通りを歩いていると、ふいに袖を引かれる。小声で「一晩十元でいい」という。そのかわり朝ごはん代をつけてくれるようにと頼まれる。了解すると、出稼ぎ農民が集まるスラムのような一角の掘立小屋に誘いこまれて真っ暗な中で済ますのだという。夜が明けて相手の顔を見たとき、自分がどれほどの老婆と寝ていたかを知りぞっとした、らしい。「俺の知り合いの知り合いが体験した」という。中国人がよくいう知り合いの、知り合いの話はどこまで本当か分からない。

でも、一応確かめに行ってみようということになって、石景山区あたりまで中国人の男友達と

行ったのだった。確かに、四川省の出稼ぎ農民の集落はあり、それらしい怪しい雰囲気の通りはあったが、結局袖を引かれることはなかった。二人連れで何の計画性もない行動で、やはり最初からちょっと無理があった。しかし、北京の一月深夜は余りに寒く、そんな郊外まで来て、そのまま帰るというのも芸がない、ということで、その出稼ぎ農民村の入り口のところにあったピンクネオンの店に暖を取りに入った。いわゆる出稼ぎ農民相手の場末の店である。

そこの女性たちは、艶児の店と比べると容姿は数段おちた。個室に入ると、女の子が二人入って来た。一人は若いが太っている。もう一人はそこそこ美しいが、疲れた様子だった。太っている方は小華《シャオホア》と名乗った。小華はミニスカートの下からのびた太い生足を開いたまま座り、いかにも品がなかった。染めた長い髪も傷んでおり、目のふちが真っ黒になるまでマスカラを厚塗りにしていた。おそらく、男女の二人組を見て、こいつらはいわゆる買春の客ではなかろう、と判断したのだろう。表情やしぐさに媚も色気もなかった。

彼女らは最初から遠慮なくビールをがんがん空け、しまいには白酒《バイジウ》まで飲み始めた。酒がまわってくると、小華はいろいろ愚痴を言いはじめた。強いなまりで全部は聞きとれないが、「ターマーダ（ちくしょう）」という言葉を連発した。

「なんで、私ばっかり、ちくしょう！　あの男のせいで、私の人生は狂ったのよ。北京なんかに来るんじゃなかった、ちくしょう！」

そのうち、こぶしでテーブルやソファーを殴り、ぽろぽろ涙を流し始め、「死んでやる」というようなことを口走りはじめた。厚塗りのマスカラが見るも無残にくずれていた。何がなんだか訳がわからない状況にあっけにとられていると、もう一人の小姐が言った。

「ああ、小華がこわれちゃった。しかたがないなあ。取りあえず私の家に来る？」

苦界に振り落とされる女たち

考えてみれば、市の西のはずれの出稼ぎ農民が寄り添って暮らす貧しい村の近くで、深夜にタクシーや白タクが見つかるはずもない。朝になれば市内に行く白タクもわいてくる。店にいて、無駄に金を使うより、その方がいいだろう、という提案だった。時間つぶしに場末の小姐の暮らしぶりを垣間見る、というのはなかなかいいアイデアだ。すぐ同意して、飲み代を清算した。部屋代飲み物合わせて百元、二人にそれぞれ百元のチップを渡した。たぶん、それは彼女らにとって、かなりいい値のチップだったのだろう。顔がぱっと輝いた。


もう一人の小姐は小海《シャオハイ》と名乗った。彼女の家はその店から徒歩で十分ぐらいのところにあった。いずれ再開発によって撤去される予定の古い家を小さく区切って、持ち主の北京戸籍の市民が安価で地方からの出稼ぎ農民に貸している、そういう部屋だった。二〜三畳くらいのスペースにシングルのスチールベッドだけが置いてある。家賃は月二百元という。ピンクのシーツに赤い布団。客をとるときは、ホテルなどにいかず、ここで済ますのだろうなあ、と思いながらなんとなくカビ臭い布団の上に座る。彼女は、カップに白湯《さゆ》を入れ、ビニール袋に入れてベッドの角に置いてあったかぼちゃの種を勧めてくれた。

「あの子はねぇ、ちょっと神経症なのよ」と小海は言った。小華のことだ。確かに尋常な様子ではなかった。

「客の子を妊娠したのよ。もう三年くらい前かしら」

もっとも小華の方は、その男と付き合っている気でいた。金は取っていなかったのだろう。だから、妊娠したとき、産むつもりでいたという。相手も結婚してくれると言っていた。ところが、いざ産んでみると、相手の男の行方は分からなくなっていた。小華が彼について知っていたのは、すでに使われなくなっていた携帯電話の番号だけだった。そのショックで、飲むと暴れるようになったという。

「で、生まれた赤ん坊はどうしたの？」と私。

「生まれてすぐ売ったって」とこともなげに言った。

私の顔に非難の色があったのか、彼女はあわてて「だって子供を抱えてちゃ、こんな仕事できないでしょ。殺すよりいい、売るほうがよっぽどいい。いい人に買われれば幸せになるかもしれないでしょ」。

子供を買うような人が、いい人なわけないでしょ、と言い返したかったが、その言葉を飲みこんで聞く。

「いくらで売ったのかな」

「男の子だったから、三千元で、取り上げた医者が買ったのよ」

売春婦が客と付き合っていると勘違いして、子供を産んでみたら、男に逃げられた。仕方がないから、ヤミ医者を通じて売った。それは出稼ぎ農民が吹きだまる北京市郊外の「城中村」（都市の中の村）では、驚くに値しない出来事なのかもしれない。でも、小華はそれ以来、飲んだくれては、暴れているそうだ。

「彼女の手首をみた？　たばこを押しつけた焼け跡があったでしょ。ときどきそうやって、悲しみに耐えているのよ……」

そういえば白い丸い傷跡が手首にあったような気がする。たばこの火を皮膚に押しつけて、その痛みで悲しみを紛らわせる、というのは水商売の世界ではよく聞く話だった。とくに少爺（ホスト）が、女を口説くとき、そういう傷跡をみせて、自分の辛い過去を演出したりすることがある。彼女の子供を売った話と手首の焼け跡もそれと同じで、客の同情をひくための、小道具ではないのだろうか。

小海がひどく切なげな顔をしたので、私は聞いた。

「ねぇ、あなたは子供を産んだことある？」

「あるよ。別れた旦那が引き取ったの」

「え、あなた結婚していたの？」

小海はベッドの下から大きな旅行カバンを、よいしょ、と引き出して、まるめた衣類の間から何枚かの写真を取り出した。浙江省杭州市の有名な観光地の西湖をバックに男性と写っているもの、三歳くらいの男の子と写っているものなどを、ベッドの上に並べる。「私、結婚していたし、子供もいたのよ」。声がほのかに誇らしげだった。

「誰と結婚したの？　どうして別れたの？」

「職場の上司と結婚したの。五歳年上だった」

「あなた、勤めていたの？」

彼女はもともと国営企業の事務職だったという。地方のさして有名でない師範大学校を出て、ふつうに就職し、二十四歳で職場結婚して、翌年に出産した。普通の中国人女性の普通の人生を歩み続けるはずだった。

「じゃあ、なぜ別れたの？」

「浮気されたの、水商売の女と。それで大喧嘩して、離婚した。離婚してから、男がそんなに水商売の女がいいのか、と思って、この世界に入ったのよ、一種の復讐よ」

復讐になっていないよ……。

そんな理由で離婚して売春婦になったのか？　それは今まで聞いたことのないケースだった。

「私、ちょっと性格が頑固なのよ。許せないと思ったら絶対許せない……」と小海は言い訳するように言った。

彼女は老けてみえたが、二十九歳だった。元夫はすでに別の女性と再婚しているという。

「後悔していない？」

「後悔したってしかたないじゃない」

夜が明けてきた。女同士の会話を聞いているのか聞いていないのか分からない態度で、隣に座っていた友人が、「そろそろ帰ろうか」と声をかけた。

白タクで市中に帰ると、ちょうど出勤時のラッシュが始まっていた。五輪に向けて建設中の新しい商業ビルやホテルの足元でマイカー出勤族の車が渋滞している。その車の中にはアウディやベンツも少なくない。新しくできた外資系の百貨店やショッピングモールには有名ブランドショップが軒をつらねる。外資系企業の集中するオフィス街を闊歩する女性たちは日本人と変わらない化粧をしはじめ、美しくなった。こうやってみればニューヨークや東京に負けない洗練された大都市なのに、車で小一時間も郊外に出れば、十元で体を売る老娼婦や、うっかり妊娠したわが子を三千元で売る小姐が暮らしている。

俯瞰《ふかん》してみれば、まったくの別世界が隣り合わせにつぎ合わされて、くるくる回る万華鏡《まんげきょう》のような街だ。そして女性たちは、実はほんの小さなつまずきで、華々しい大都市の表から、苦界に振り落とされてしまう。

幸せにはなれない。ただ、生活になれていくだけ――王美芬

友人のフリージャーナリストの呉月《ウーユエ》が、北京市郊外の平谷県に行こう、と言いだした。平谷は桃の名所で聞えたところだ。二〇〇五年二月のある日。桃の花も実もない季節だ。それはたまたま新聞かなにかで人身売買問題の記事を見かけたのがきっかけの成り行きだった。やはり食事をしながら世間話をしていたときである。
「昨年摘発された人身売買事件が四千四百四十九件で、救出された女性や子供が八千九百四十九人だって」
そういう話題を振ると、
呉月が「十年ほど前のことなんだが、俺の知り合いの知り合いに、北京の女子大生で、市内で

誘拐されて陝西省まで連れていかれて農家の嫁に売られた娘がいる」と話しはじめた。

「農村の兄弟に売られたそうだ。その娘は女子大生で頭が良かったから、兄弟の両方に、それぞれ、『私は本気であなたのことが好きだ』というそぶりをして、二年かけて油断させて、兄弟がお互いにやきもちを焼くように仕向けた。それで兄弟が疑心暗鬼になって大喧嘩している隙に逃げ出して、北京の両親のもとに連絡して警察に通報してもらった。無事に帰ってきたあとは裁判を起こして、この兄弟を訴えて賠償金をふんだくったらしい。女といえど、大学を出るくらい頭がよければ、誘拐されて売られても、自分で自分を救うことができるんだな」

中国では食事時の世間話にこんな話題が普通に飛び出してくる。

その話が興味深かったので、その女性と連絡がつくなら、会って話を聞いてみたいと言ったのだけれど、呉月は「そりゃ無理だ。もう別の人と幸せな結婚をして、古い話はしないだろう。だいぶ前のことだから」と言った。

そのかわり、という。

「売られた花嫁のことが知りたいなら、平谷の民族村にいけばいい」

「民族村？　テーマパークかなにか？」

「少数民族の花嫁が売られてきた村だ」

北京という名の「貧農」に売られ……

中国の首都の北京は確かに当時人口千七百万人の大都会だが、北京市だけで四国くらいの面積があり、市の中心部を除けば、実はほとんど農村だ。平谷県はそういう北京の農村の中で最も貧しい地域の一つ。北京中心部から北東に七十キロばかりの距離だが、呉月の友人の運転する車で二時間ばかりのドライブを経て来てみると、燕山山脈南麓の切り立った岩肌の狭間の、まさに寒村といった風情だった。耕地に適した土地はほとんど見当たらず、自動車なども見かけない。見かけるのはせいぜい痩せたロバが引く空の荷馬車くらい。道案内をしてくれた平谷出身の骨董商、老劉《ラオリウ》によれば、主な農産品は桃と炭の原料となる雑木らしい。「年収はどのくらい?」と聞けば、「現金収入という意味なら数百元だろうねぇ」と言う。

気温は市中に比べると三〜四度低かった。体の芯にしみるような寒さだった。空はどんより曇り、雪でも降り出しそうだ。もう一度行け、と言われても行けない、複雑な山道を通ってその村に着いた。

老劉の知人宅に寄って、熱い白湯をもらい、体を温めてから、少数民族花嫁が売られてきた家を教えてもらう。

「そんなのいっぱいだよ。あそこの家はミャオ族、あっちはイ族、あっちはパイ族、ナシ族……」

のんきな口調に、少数民族の花嫁を買うことが、人身売買という犯罪だとは思っていないことが窺えた。

最初に訪問したのはミャオ族の王美芬《ワンメイフエン》(取材当時三十八歳)の家だった。あばら家、といっていい。中には旧式の煤炭を使うストーブが燃えていたが寒かった。老劉が平谷なまりの通訳をしてくれる。あなたの身の上話を聞きたくて、市内から来ました、と説明する。そんな言い方で、見知らぬ人に自分のことを話すものだろうかと思ったが、彼女はむしろ聞いてほしい、と訴えた。若い人のほとんどが市内に出稼ぎに行ってしまうこの過疎の村で人と話すことに飢えている、といった様子だった。王美芬は部屋の中で、唯一家具らしい鏡台の前の椅子に座って膝の上で手を握り締めて話しはじめた。

「私は十九歳で、この村に連れてこられました。それまでは雲南省のベトナム国境に近い村で生まれ育ちました。下に妹が二人、上に兄が二人、五人兄弟の真ん中です。……豊かではなかったけれど、この平谷の村よりはずっとましな暮らしです。だって、故郷の村は暖かくて水がたくさんありました。私たちは毎日、水浴びしていたんですよ。バナナなどを作って売っていました。現金収入はあまりなかったけれども、バナナはおいしかったし、飢えはしなかった。その頃、結婚を約束していた恋人もいました」

顔を上げて、こちらを窺った目はすでに赤らんでいた。

「でも、ある日、八つ年上の一番上の兄が、私に北京に行けと言いました。兄が結婚するのに現金が必要だったので、出稼ぎに行けというんです。そのとき、私は北京という大都会で働くことに好奇心をもってしまい、うかうかと兄について行ったんです」

兄は嘘をついていた。目的は働きに行くことでもないし、行き先は大都会・北京でもなかった。彼女が連れてこられたのは北京という地名だけれど、想像もしなかったような貧しい農村だった。彼女は五千元でこの村の十歳年上の男の嫁として売られた。長い夜行列車とバスを乗り継いでようやくこの村に到着して、事実を知らされたとき、彼女は騙されたことに怒り、兄をなじり、何としても故郷に帰ると言い張った。だが、兄はそんな妹を棍棒で折檻し、お前の帰る家はここしかない、なぜ兄の言うことが聞けないのか、と言い捨てた。痛みと怒りで気を失っている間に、婚姻はすまされた。兄は金をもって一人帰ったのだった。あとで、兄がその金で家をかまえ、自分の意中の人と結婚したことを知らされた。

「何が一番辛かったのですか?」と聞くと、「言葉が通じなかったのが辛かった」という。少数民族の言葉と平谷の言葉は外国語同士のように通じない。

「あと、不潔だったこと。南ではしょっちゅう水浴びをするけれど、ここは水がないから何日も体を洗わない。夫は病気がちで体が弱く臭かった」

暖かく開放的な南方から来た少数民族の娘にとって、言葉の通じない閉鎖的で寒い山村での暮らしは気も狂わんばかりの孤独だったろう。

「夫が暴力を振るわない大人しい男であったことが救いでしたが、最初の一年は故郷の家を思い、恋人を思ってよく泣いていました。いつか帰ると心に誓っていましたが、二年間泣いて、ようやく諦めることを知りました。ちょうどそのころ、妊娠しました。娘が生まれて、ここで生きていくしかないんだな、と思いました」……。

結婚して五年目に、初めて里帰りが許された。貧しい農家で、雲南までの里帰り費用を用意するのは簡単なことではない。「夫は本当に優しい人だなと初めて思った」。

里帰りしたとき、昔の恋人が、自分への操をたてて独身を守っていることを知った。

「彼は、僕はずっと待っているから、帰って来てくれと言ってくれました。でも、私には子供もできて、もう帰ることなんかできない」

そう話したとき、彼女は込み上げてきた涙をこらえきれなかった。北京の乾燥した風にさらされ赤くガサガサになった頬の上をびっくりするくらい大粒の涙がぼろぼろこぼれ、顎を伝って、灰色のズボンに包まれた膝にぼたぼたと落ちて染みをつくった。彼女を売った兄は、里帰りした彼女に頭を下げて謝ったという。そんなに真剣に思い合っている恋人がいると知っていたら、お前を売らなかったのに、と涙を流したという。

「いまさら、謝られても。今も、彼、結婚していないのよ……。夫はいい人だと思うけれど、幸せにはなれない。ただ、生活になれていくだけ」

王美芬はしばらく、涙を流し続けた。

あまりにもこの社会は閉ざされている

同じ村に売られてきたナシ族、イ族の花嫁とも会って話を聞いたが、売られたことへの辛さ悲しさを涙まで流して訴えたのは王美芬だけだった。おそらく彼女だけが、本当の恋愛というものを経験していたからだろう。そのあとに話を聞いたイ族の蘇芬《スーフエン》（当時三十五歳）は「北京の嫁になる、と聞いて都会に嫁ぐものだと思い込んでいたら、こんなひどい農村だった。これなら故郷の村の方が豊かだった、騙された」と不満を訴えたが、男の子を二人授かり、夫と仲良く暮らしていると言っていた。夫も挨拶に出てきたが、若々しい男前であった。この二人には、夫婦らしい睦まじさが感じられた。売られて来たといっても、本人が相手を気に入れば、手数料がかかったマッチングみたいなものだ。彼女をこの村に連れて来たのは、やはり同じ村から先にこの平谷に売られてきたおばだった。平谷で健康な女性は市中に出稼ぎに出てしまい村にはいない。土地に縛られた長男は多少の高値を払ってもどこからか嫁を買いたいと思い、先に嫁を買った家に、お宅はどこから買いました？　と聞く。ならうちの嫁に、故郷の村に適当な娘がいないか聞いてみましょう、という話になる。おば夫婦が手数料をとり、代金は娘の実家に渡される。そういう仲介をやるということは、自分自身が売られてきた境遇をさほど不幸に思っていないのかもしれない。いや、それとも、自分の寂しさを紛らわせるためにも同郷の娘を呼び寄せたかったのか。

「女っていうのは、与えられた環境に順応して、少しでも幸せになる努力をすることができるものなんだな」と呉月は言った。いや本当は幸せになるための努力というのは、諦めたりなれたりすることではなくて、世の中を変えていこうとすることなのだと思うけど、と言い返したかった。でも、彼女らがそれを望むには、あまりにもこの社会は閉ざされていた。

私は誇りを買い戻したのよ――小張

小張《シャオチャン》は友人の家のアイさん（家政婦）で、私と同い年だった。広西チワン族自治区出身のチワン族だ。友人が有能な働き者のアイさんなんだ、と常々自慢していた女性だ。彼女が実はやはり売られてきた花嫁だと知ったのは二〇〇六年の夏ごろだった。「え？　言わなかったっけ」と友人は繰り返した。

三百元で売られてきた

「小張は三百元で花嫁として売られてきたんだよ。でも、自分でアイさんとして稼ぐようになって、自立できるようになって離婚した。そのときの費用が八百元だから、三百元で売られた自分を八百元で買い戻した、なんて言っている」

その後、私は何度か、小張が仕事中に世間話のようにその身の上話を聞いた。

「私を売ったのは、親戚のおばさんよ。最初は北京に嫁入りしないか、という話だったの。そのころ私はまだ十七歳。都会での生活に憧れていた。でも、そのときはおばさんが、私をお金で売ったとは私も両親も知らなかったのよ」

小張はそう言いながら、モップで力いっぱいフローリングの床をこすっていた。

結婚に納得してやって来た小張だが、彼女が連れてこられたのは北京ではなかった。河北省石家荘の農村で、嫁ぎ先は商店ではなく、露店業者だった。気の強い小張は話が違う！　と結婚の解消を主張したが、おばは「もうお金を受け取ってしまったから、諦めてくれ」と言った。その金を受け取ったことを両親は知らなかったことも、あとで分かった。

「しかも、その金がわずか三百元よ！　私の値段がそんなに安いなんて」

怒るポイントはそこか、と突っ込みたくなるほど、彼女の口調はあっけらかんとしていた。

「涙にくれていてもしかたがないからね」

でも嫁いだばかりのころは、結構泣いていたようだ。当初は夫の母親と一緒に暮らしていた。

言葉も文化も違う北方の漢族と狭い部屋に押し込められたような生活でストレスがたまった。だが、幸いにも、「夫は善良で気の弱い人だった」。小張が子供を二人産み、外に働きに出て稼ぎもよくなってくると、彼女の発言権は次第に強くなっていった。しばらくすると、夫をけしかけ、石家荘の家を出て北京に移住した。夫は相変わらずろくな稼ぎはなかったが、小張は日系企業の清掃の仕事を見つけ、そこで日本人と親しくなる。たまたま、アイさんを探していた日本人会社員が、彼女に家の掃除を頼んだ。小張にすれば、初めてのアイ仕事だったが、よくわからないからと言って、掃除の仕方を一からその日本人に教えてもらった。そのおかげで、きれい好きな日本人が教え込む掃除の仕方を最初に覚えることになった。

彼女の仕事ぶりを私は友人宅でしばしば見ている。ほかの中国人のアイさんとはレベルがちがった。まず水回り、キッチンを徹底的に磨きあげ、洗濯機をまわしながら、床は掃除機をかけたあと洗剤で拭き、二度から拭きしてから、力いっぱいモップがけをする。床をふく雑巾、テーブルを拭く布巾、家具をふく布、それぞれを使い分けるといった細やかさは、中国人のアイさんにはあまり見ない。光るべきところは光るまで、白い部分は真っ白になるまで。仕事中、小さな体は冬でも汗だくになった。

彼女の掃除の仕方は、日本人やヨーロッパ人家庭をまわっているあいだに、グレードアップしていった。特に家具を大切にする北欧系駐在員の家庭では、棚のふちにほこりがのこっているだけでも、不満そうな顔をされた。床を拭いた雑巾をテレビの上に置くと文句を言われた。そういう経験を積み重ねていくうちに、外国人が要求するレベルの掃除をこなせるようになっていった。「中国人の富裕家庭でもアイさんを雇うのはふつうだが、中国人家庭は、まず時給を安く抑えようとしてくる。しかし、外国人は仕事のレベルが高ければ、それに見合った賃金を出してくる。さらに誠実な仕事をみせれば、信用がついてくる。だから私は中国人家庭の仕事は受けない」

細腕で自分の人生を変えていける

彼女は自分の仕事のレベルが高いことを自覚し、雇い主から信用され、頼りにされることに喜びを感じた。だから、雇い主を選択するようになった。自分の仕事を安くみて値切ろうとする雇い主は自分から断った。賃金が高くても、アイさんを明らかに見下す態度の雇い主も断った。

「日本人の家庭がいいわ。もともと清潔好きなので、家をそんなに汚さないし、誰に対しても礼儀正しく、人を馬鹿にした様子をみせないから。金払いも悪くないし」

二〇〇〇年、彼女はそこそこ小金をため、誇りと自信を身につけた。そこで離婚を決意した。

「離婚のきっかけは、単純。夫の浮気よ。自分のでない女性ものの下着が洗濯ものの中からみつかったの。それで私は夫を一度も愛したことがなかったと気がついた」

離婚手続きに八百元かかった。夫は反対もできなかった。

「家計は私が支えていたし、住んでいるアパートも私がためたお金で買ったから」

ただし、離婚が成立したあとも、元夫とは一緒に暮らしている。「愛してないけど、情があるから」と苦笑いする。それに、子供たちにとっては父親だ。

「悪い人じゃないの。すごくいい人。ただ、はっきりさせたかった。私はもう売られた花嫁ではないと」

小張は、買い戻したのは誇りだ、という。

彼女は今日も、マンションからマンションへ飛びまわって掃除を続ける。年に一度、かつての雇い主の招待を受けて北欧へ海外旅行もする。育て上げた娘はこの就職難のおり、外資系百貨店に就職できた。こんなふうに、最低辺の境遇に陥っても、細腕で少しずつ自分の人生を変えていける女性も、北京の空の下にはいっぱいいるのだろう。

結婚しないことへのプレッシャーの方がずっと重い、同性愛より――秋月・小帆……

北京市の北三環路を越えたところにある元大都公園は、二〇〇七年ごろから同性愛者のいわゆる〝ハッテン場〟で知られてきた。一昔前、一九九一年ごろまでは東単公園がその筋の人たちのあいだで有名だった。張元《チアンユアン》監督が撮影した中国初のゲイ・ムービー「東宮西宮《インペリアル・パレス》」(一九九六年)は、その東単公園で起きた一九九一年の五月から七月に行われた北京警察による同性愛者一斉検挙を題材にしている。一九九七年に新「刑法」が施行され、同性愛を「流氓罪《リユウマン》」(破廉恥罪)とする条文が削除される以前は、同性愛は西側の退廃した文化の象徴であり、検挙対象だったのだ。その後、同性愛者の人権問題をエイズ問題と一緒に啓蒙する元衛生部職員の万延海《ワンイエンハイ》氏のような人物も登場し、二〇〇一年には中国精神医学協会は、同性愛を精神疾患に分類することをやめると公式に発表した。二〇〇五年には上海復旦大学で中国初の同性愛研究のゼミが開かれ、聴講者が殺到したというニュースも流れた。二〇〇六年には中山大学(広東省広州市)内で本土初の学生による同性愛結社が認められた。中国の専門家は中国の同性愛者は人口の三%にあたる四千万人という推計を発表、その数を中国メディアが引用して同性愛問題を報じることもタブーではなくなってきた。

　私が初めて、そのハッテン場である元大都公園に行ったのは二〇〇七年夏。その年の春には、同性愛をカミングアウトした女性シンガーで、北京の有名なレズビアン・バー「楓」のオーナーでもある喬　喬《チャオチャオ》が司会を務めるゲイをテーマにしたネット・テレビ番組「性情解碼之同性相連《シンチンジエマジートンシンシャンリエン》」（性の悩み解読の同性愛コネクション）が放送され、ちょっとした同性愛問題ブームだった。市内の同性愛バーではゲイ・ナイトのようなイベントもしばしば行われていた。そんな北京社会が同性愛者に寛容になり始めたころ、友人の中国人フリーカメラマンのジョンに、話のタネにゲイ・ナイトに行ってみないか、と誘われた。

　ジョンは生粋の中国人だが周囲には英語名のジョンと呼ばせていた。河北省出身でかつては工場勤めもしたことのある、ふつうの中国人である。いつのまにやら民主化や自由主義にかぶれ、フリーカメラマンと名乗って、たいしてうまくもない写真を撮っては売っている。でもたまに、デモや立ち退き騒ぎの現場写真のいいのを抑えてくるのだ。

「あなたゲイだった？」と驚いたら、

「いや違う」とあわてていた。

「でも、同性愛問題は最近北京でも注目されているから、一見の価値はあるだろう？　元大都バーストリートにある〝出柜バー〟で、そういうパーティがあるんだ。一人で行くのは、ちょっと勇気がいって……」

同性愛といってもいろいろあるのよ

元大都公園は、元時代の土で築いた城壁跡、元大都土城跡を整備した公園だ。

塩素臭い水が流れている堀（護城河）沿いに、小洒落《こじゃれ》たバーが並ぶ比較的新しい観光名所だった。その一角のあまり目立たないドアを開ける。とたん、ミラーボールの煌《きら》めき、紫煙、酒の匂い、人いきれ、耳をつんざくようなユーロビートがどっとあふれてきた。

その音と光の洪水を掻き分けるように照明を落とした店内を泳いで行く。中は意外に広く、人でいっぱいだ。仮面舞踏会のように濃い化粧の女の子たちが、うふふふ、と微笑を投げかけてきた。長いバーカウンターがコの字型にめぐらせてあり、その周りにボックス席風のテーブル、ダンスフロアがある。ダンスフロアでは、尻がはみ出たホットパンツにブラジャー姿の美少女がへそピアスを見せびらかすように体をくねらせて踊っていた。その周りで、刈り込んだ短髪にスラックス姿の男装の女性たちが水割りの杯を片手に、値踏みするような視線を美少女に投げかけて談笑している。一種独特のムードをまとった人たちばかりだった。胸や尻を強調したセクシー衣装の美少女が大勢いる。何重ものつけまつ毛とマスカラ、アイラインで作られた顔は、本当に美少女か判別がつきにくいが、そういう媚薬のような女の子たちがいるかと思えば、女性らしさを押し殺そうとでもしたような、トラガリや坊主頭の男装の女性も目立つ。鍛えた体を誇示するようなぴったりしたシャツを着た若い男たちも多い。大音量の中、お互いの腰に手を置きながら親密そうに耳元に唇を寄せてひそひそ話を交わしている。取りあえずカウンターでコーラを注文して、ジョンと二人、どうも居心地の悪い思いをしながら、様子を見ていた。

しばらくして「あら、あなたたち、お相手はいるの?」と野太い声が聞えた。振り返ると革命歌劇の「白毛女《バイマオニイ》」のような銀髪のカツラと白いペラペラしたドレスをまとった背の高い中年男性が立っていた。厚塗りのファンデーションの顔の上で真っ赤な口紅の口角をニッと上げて、京劇役者のようなシナを作っている。ジョンは多少おびえたような顔で「いや、僕は同性愛者じゃないから」ともごもご言って、腰が引けている。抗議デモの現場に行って写真を撮ってくる勇気はあるのに、と心の中で毒づきながら、私は「新聞記者なの。同性愛者の人権問題を取材中で……」と説明した。

「まあ、ジャーナリスト? 素敵なお仕事ね。私は白羽《バイユイ》っていうの。満州族でダンサーよ。取材は大歓迎。でも、写真だけよ。私を美しく撮って!」

白羽は、そういうとカウンターの上にさっと飛び乗ると、いきなり踊り始めた。

「白羽が踊るわよ!」

そう声が上がったのだから、多分、彼はこの世界で結構有名人なのだろう。彼はスポットライトの真ん中で陶酔したように踊りはじめた。体の柔らかさ、高く上げられた足の美しさを見れば、ダンサーだというのは本当だろう。あるいは昔ダンサーだったが、年を取ったので引退したか。

白羽が高く掲げる足の向こうに見えるボックス席に、何組かのカップルが座っていた。一瞬、目が合った気がした。音楽とダンスと酒の匂い、人いきれ。そういった混沌とした空気を貫いて彼女らから視線が送られてくる。意を決して、彼女らのボックス席に行ってみた。

特に派手な化粧をしているわけでもない、街中ですれ違えば気にも留めないふつうの女性たちだった。一人はちょっとおしゃれな伊達メガネが、アーティスティックな雰囲気をかもしている。もう一人もショートヘアで化粧っ気がなかったが、知的な雰囲気だ。体をよせあい腕をからませているが、それぐらいの同性同士のスキンシップは中国の女の子たちには当たり前のことなので、あまり同性愛者にみえない。

正攻法でいくことにした。

「私、記者なの」

「そうじゃないかな、と思っていた。実は私も雑誌記者なの」

インテリ風の方が答えた。

「ベンって呼んで。ここでは本名はナシ。だって職場にもカミングアウトしていないから。で、何聞きたい？」

「じゃあ、まず二人は恋人？　どうやって出会ったの？」

ベンは今の恋人のシーズンとネットで出会った。伊達メガネの彼女だ。

「北京ではララサロンというレズビアン専用のネットワークがあって、週末には同志《トンジー》バー（同性愛バー）や同志カフェでオフ会やるの。北京に来れば、そこでお互いが気に入る相手を見つけられるわ。都会っていいわね。私、河南省の田舎からやって来たから」

私が知るだけでも当時、北京には女性専用の同志バーが四、五軒あった。またレズビアンネットワークもいくつかあって、なかでも「ララサロン」ネットは単に相手探しだけでなく、討論会などのイベントを通じた同性愛者の市民権獲得などに力を置いていることで知られていた。

ベンは二十五歳だと言った。河南省開封市の出身。子供のころから女の子に庇護欲が掻き立てられた、という。

「私は子供のころはよく男の子と間違えられる子だった。幼稚園のとき、父の友人の娘で、私より一歳年上の子が友達だった。その子のことが、もう大好きで、守ってあげたくて。その子、母親がいなかったから、そのときは同情からくる気持ちだと思っていた」

しかし成長するにつれて自分は女性が好きなのではないか、という思いが強くなってくる。初恋は高校一年生、別のクラスの女生徒だった。しかし、このときは告白する勇気すらなかった。

「だって、同性愛者は社会的に差別されていた。今はだいぶましだけれど、昔は変態扱いよ。親が知ったら正気を失って、私、監禁されるか殺されるわ」

別の女性も話に加わってきた。三十二歳の秋月《チユウユエ》はいう。

「いくら中国が同性愛者に寛容になったと言っても、やはり伝統社会よ。個人の考え方は変わらないわ。私だって恋人の小帆と一緒に暮らしていることを両親に知らせていない。だって私は一人娘で、両親は共産党幹部なの。言えるわけないでしょう、彼らの立場を考えると。私は結婚しません、一生独身ですと、おりに触れて両親に言っているのだけれど、それすら許せないという感じよ」

秋月は二〇〇六年にやっと一生を共にできる女性、小帆と巡り合った。やはりインターネットで知り合った。二人が肩を寄せ合っている様子は恋人同士というより、むしろ姉妹のような感じだ。

レズビアン雑誌Lesプラスの編集者だというセムはこう説明した。

「同性愛って言っても、いろいろあるのよ。ララサロンの会員は四つに分類できるわ。①バイ、②男性と結婚したり付き合ったりしたけれど男性に失望したタイプ、③生まれつき男性が受け入れられないタイプ、④性的快楽やファッションを追求してレズビアンになるタイプ。意外に多いのが、②の男性に失望したタイプよ。若い子は④が多いわ。あそこで踊っているタイプ」と、へそピアスを見せて過激なセクシーダンスを踊っている十代らしい女の子たちを指さした。

ふと、周囲にいた女性たちを見回して、この中で結婚したことのある人、と声をかけてみると、二人ほど手をあげた。二十五歳と三十八歳の共にバツイチ同士の年の差カップルという。年上の方は、シャープな美しい顔立ちをしていた。どことはあえて言わないが北京の会社勤めという。

「私は、②と③の中間。中学のときの好きな人は女の子だった。自分が同性愛であると気付いたこと自体はショックじゃなかったわ。でも中国の環境では、結婚しないことへのプレッシャーはずっと重い、同性愛であること自体よりも。私は周囲のプレッシャーに負けて結婚したの。で、結果は最悪。よく中国の男性は家事をする、というけれど、共産党ができる前から中国は儒教の国なのよ。厳然と男尊女卑なのよ。夫が妻をぶっても、それがいけないなんて言う人はいないわよ。で、二〇〇三年に離婚して、去年ネットで巡り合ったのが彼女よ」と、十三歳も年下の女性の手を引く。

そんな年の差には見えなかった。若い方の女性は言った。

「私も、もう男はこりごり」

女ゆえの苦しみからは解放

中国では依然、適齢期になれば結婚せねばならない、という社会的要請が強い。中国民政部によれば、二〇〇九年の新規結婚登録数は千二百十二万二千組（前年比一〇・四％増）で、同年の離婚数は約二百四十六万八千件（前年比八・八％増）。一九八〇年当時は七百十六万六千組の結婚登録数に対し離婚件数は三十四万千組だった。単純計算すれば、この二十九年の間に結婚数は一・七倍増だが、離婚件数は七・二倍に増えている。都会の離婚率は北京が三九％、上海が三八％と高く、若い女性、つまり第四章でも触れる八〇后《バーリンホウ》とよばれる一九八〇年代生まれの若者の離婚率が三〇％前後だとも言われている。

この離婚率の上昇については、専門家たちは、二〇〇三年以降、婚姻手続きが簡素化され結婚、離婚が簡単になったこと、いわゆる一人っ子世代の八〇年代以降の若者の忍耐力がそれ以前の世代より弱くなったこと、経済力をもつ女性が増えてきたこと、などを理由に挙げている。しかし、その前提として、中国では結婚しなければならないという、社会的観念が日本などよりはよっぽど強いことがある。とくに地方、農村出身者で都会に出稼ぎに出ている適齢期の若者が、春節（旧正月）の帰省時期に結婚相手を連れて帰らないと、老いた両親を非常にがっかりさせることになる。結婚費用が十分に用意できない貧農でも、少数民族の娘を文字通り安く買ってきてまで結婚する。未婚で若者が死ねば、結婚できずに死ぬのは可哀想だ、と女性の遺体を買って一緒に埋葬する習慣がいまだに地方に残っている。これを冥婚《ミンホン》というそうだが、この冥婚目的の女性の遺体の盗難や売買事件のニュースはしばしば地方紙の片隅で見つけることができた。それほどまでに結婚にこだわる。それは社会福祉システムが十分に整備されていないため、自分の老後の暮らしを息子夫婦に頼る比重が高いことも背景にある。子供を産むなら男子を、と願うのも、何としても結婚せねばならないと要請するのも、伝統的な儒教的価値観だけでなく、切実な生活の問題もある。

だから、春節前の時期になると、特にインターネットのお見合いサイトや恋人募集掲示板がにぎわう。実際、そういうお見合いサイトに登録している友人に聞けば、出会ったその日に結婚するかしないかの決断を求めるせっかちな男性もいるそうで、そういう性急な結婚の在り方と、現代の女性の経済力上昇や意識向上が合わなくなってきているから、あっという間に破局するのだ、という指摘もある。こういう結婚を閃婚《シャンホン》といい、最近の新語として定着するほどになった。

ジョンが、私を見つけて近寄ってきて、「もう帰ろう」と不安そうに声をかけた。本気で自分の貞操が心配なのかもしれない。ゲイにだって相手を選ぶ権利はあるから大丈夫だよ、と私は笑ったけれど、確かに私たちのような〝よそ者〟がずっと居座る場所ではなかった。白羽はいつのまにか、白毛女の衣装を着替えて真っ赤なスカーフと金のスパンコールのドレス姿で、マイクをもって民謡を歌い始めている。地声は野太かったが、歌声はのびやかなテノールだった。彼の前を通り過ぎると、また来てね、というふうに手を振ってくれた。振り返ると、さきほどの年の差バツイチのレズビアンカップルが奥のボックス席で、甘い雰囲気でささやきあっていた。

都会に集うレズビアンたちには、同性愛に対する差別や偏見という壁はあるけれど、農村や歓楽街で垣間見る女ゆえの苦しみからは解放されている。

都会の片隅で、一人ひっそり命を断つ打工妹（出稼娘）がどれほどいるか――劉雲・謝麗華

私が山東省出身の十九歳の少女、劉雲《リウユン》と会ったのは、二〇〇四年四月四日だった。「打工妹之家《ダーコンメイジージア》」という打工妹《ダーコンメイ》（出稼ぎ娘）の人権を守るNGO（非政府組織）の草分け的存在が創立八周年を迎えるというパーティで彼女は赤いシャツを着て、自分の名前の入ったタスキをかけ、選挙の立候補者のような様子で門の前に立ち、来賓と握手していた。

私も握手を交わした。

「打工妹の人権を守る活動をしていきたいです」

長い髪をかきあげ、笑顔を見せた。色は浅黒く、尖った顎の、なかなかの美少女だった。

セクハラ、レイプされる「家政婦」たち

北京市には当時、流動人口四百万人以上、うち三百四十万人が出稼ぎ者で、その四〇％が若い女性と言われていた。たいてい中学を卒業するかしないかの十七、十八歳の女の子たちだ。彼女らは農村から出てくると、工場労働者、ウエイトレス、清掃、保母、家政婦といった重労働に、花の盛りの身をささげる。当時は労働法の改正前でもあり出稼ぎ者の契約などいい加減きわまりなかった。びっくりするような低賃金、長時間労働、罰金罰則のほか、セクハラ、レイプといっ

た若い女性ゆえに遭遇する人権侵害も多かった。「打工妹之家」はそういう出稼ぎ娘たちに、契約や法律の知識を授け、生活上の悩みを聞き、ときに女の子たちに代わって雇い主に労働条件を改善させる働きかけもやった。劉雲は二〇〇三年、労災で重傷を負ったが、「打工妹之家」の物心両面の支援を得て労災訴訟を起こし、三万六千元の高額賠償金を勝ち取った。当時の中国では労災事故にあえば、その責任の所在を追及するなど不可能で、賠償金どころか、賃金未払いのまま解雇ということもしばしばだった。だから劉雲の労災訴訟のニュースは中国の労働者の人権問題においてエポックメーキングな出来事であり、彼女は〝時の人〟であり、戦う打工妹のシンボルであり、「打工妹之家」の広告塔だった。

劉雲について話そう。山東省棗荘市の貧しい農家に生まれ、学費の不足で中学すら卒業できなかった。かぞえで十八歳のときに、家計を助けるために親戚の伝をたよって北京に出稼ぎに来て、清掃企業・北京光亜清掃会社に職を得た。五輪に向けて北京ににょきにょき、ガラス張りの高層ビルやマンションが建ち始めた時期で、そういうビルの外壁や窓ガラスをピカピカに磨き上げるのが彼女の仕事となった。

問題の労災事故が発生したのは北京に来て間もない二〇〇三年五月二十一日のことである。彼女は四人の同僚とともに通州区のマンションのガラス窓清掃に派遣された。五人ともまだ研修すら終えていない新人の清掃員だった。

午前五時半から仕事を開始し、昼食をとる時間さえ十分与えられないまま働きづめだった。日中は気温が上がり、汗だくとなった。午後五時すぎ、劉雲は五階のバルコニーのへりによじ登った状態でガラス磨きをしていた。ほんの一瞬のことである。西日が窓ガラスに反射して目を射た。

ふっと意識を失い、目の前が真っ暗になったという。そのとき、すでに地面に墜落していた。普段は命綱をつけることが義務づけられているが、五人の清掃員に対して命綱は一本しかなく、しかもそのマンションには命綱を固定する場所がなかった。だから、彼女は命綱もつけていなかったのだ。

一命を取り止めたのは奇跡かもしれない。しかし左腕骨折と腰椎圧迫骨折という重傷を負った。マンションのガードマンが救急車を呼んでくれたが、運び込まれた病院は入院手術費の前金が納められていないという理由で、彼女をロビーの床に放置した。中国の病院は前金制で、当時は金がない患者の治療は絶対引き受けないのが当たり前だった。本来は雇用主の企業が治療費を立て替えるべきなのだが、企業側はこれを渋った。墜落したのは彼女が不注意だったからだと主張した。彼女は三日三晩、病院のロビーで、何の治療も受けず横たわったままだった。その後、企業側の経理担当の家に移送され、そこでまた三日、治療も受けずに寝かされたままだった。企業がしぶしぶ前金を払い、彼女が入院し手術を受けられたのは二十九日だった。つまり彼女はそのまま死ななかったから、治療するしかない、と判断したのだった。

手術が済んで二週間もたたないうちに、企業側は彼女を退院させた。入院費を払うのが嫌だからだ。彼女はわずか五平方メートルの小さな部屋に寝かされ、一カ月だけ家賃を払ってやると宣告されたほかは、なんの面倒も見てもらえなかった。さらに、企業は手術代四万元を立て替えたとして、田舎の両親にそれを請求した。

突然、大金を請求された両親は驚いて北京に出て来て、娘の事故の顚末を知った。抗議する父親に対して、企業側は妥協案として、三人分の列車チケットを提供するので、黙って受け取って帰郷し、二度と会社と関りを持たないことを要求した。

両親は無念さではらわたが煮え繰りかえっていた。まだ十代の娘が雑巾のように使い捨てにされる。彼女の同僚から、北京に出稼ぎ娘を支援するという中国最初のＮＧＯ「打工妹之家」があることを聞いて、最後の最後にすがる思いで、その門をたたいたのだった。

両親がおそるおそる事情を話すと、すぐに生活費として五百元が支給された。

このとき両親は「娘が受けた不条理を世に問うためなら、家や畑、全財産を擲《なげう》ってもかまわない」と訴えた。この決意を受けて、「打工妹之家」は、ボランティア弁護士・周細紅《チョウシーホン》を紹介するとともに、両親と共に企業から賠償金を請求する訴訟を起こしたのである。

十月二十五日までに、北京市朝陽区労働局は劉雲に労災認定を出し、労災事故により障害八級の後遺症が残ったと鑑定された。労働局の調停により、企業は劉雲に三万六千元の賠償金を支払うことで合意した。

劉雲はいう。

「『打工妹之家』と出会わなかったら、私はたぶん泣き寝入りするしかなかった。今も、多くの打工妹が泣き寝入りしているはず。私がラッキーだった、で終わらせたくない」

彼女の怪我はすっかり治った。普通に暮らすぶんには支障はない。だから彼女はタスキがけで、「打工妹之家」の広告塔として取材を受けメディアに積極的に露出しつづけている。

劉雲が勤めた企業がきわめて例外的に悪質だったかというと、残念なことにそうではなかった。そんな企業は山ほどある。都会に出稼ぎにくる年端のいかない娘たちを待ち受けている環境はたいてい過酷だ。

「二〇〇三年の八月のことですけれど、甘粛省出身の十九歳の少女が農薬をあおって自殺をしました。なぜだかわかります？　彼女は住み込みのアイさん（家政婦）をしていたのですけれど、その勤め先の家庭の息子にレイプされたんですよ。彼女は田舎から出て来たばかりで、初恋も知らなかった。労働の厳しさもあって、それで精神に異常をきたしていたんです。私たちのところに相談が寄せられていたのに、助けられなかった。悔しいです。そんなふうに、都会の片隅で一人ひっそり命を断つ打工妹がどれほどいるか」

「打工妹之家」の創設者で「中国婦女報」の謝麗華《シエリーホア》・副編集長に、やはり二〇〇四年四月に取材したとき、開口一番そんな話をしてくれたことが忘れられない。

彼女は一九九五年から九六年に婦女報が発行する月刊女性誌「農家女」の編集長だったころから打工妹の問題に注目しはじめた。

「そのころ、こんな事件を取材したことがあります。月給三百元の募集で求人していた北京の縫製工場に甘粛省出身の少女七人が応募したのだけれど、実際は月給など払われなくて監禁状態で強制労働させられていた。三カ月も強制労働させられて、食事は一日饅頭《マントウ》一個しか与えられなかった。彼女らは幸いにも隙をついて、電話をかけてきて助けを求めてきたから、私たちは彼女らを救えたのだけれど、実際はそのまま衰弱死するまで働かされるケースだってあります。また、ある安徽省出身の二十三歳の女性は、家政婦としての勤め先の家人にレイプされ、堕胎を二度繰り返した末、ＳＯＳの手紙を『農家女』編集部まで送ってきました」

「打工妹の仕事で比較的多い家政婦やベビーシッターというのは、密室での仕事なので、労働環境が見えにくいんです。レイプ、セクハラ、虐待の事例はいくらでもあります。しかも工場労働と違って同僚がいないので、相談したり励まし合ったりする仲間もいない。孤独なんです」

こういう現状を目の当たりにして謝女史は、「打工妹たちを専門に支援する組織をつくろう」と決心。党や政府の関係部門や幹部にのべ三千通の手紙を出して支援を取り付けて、九六年四月に中国初の出稼ぎ女性支援組織「打工妹之家」を設立。平安大道に事務所をかまえた。フォード基金など国内外の支援を受けながら、手弁当で活動をはじめた。

帰る場所を失って都会の底辺を流浪

以来、「打工妹之家」の活躍はしばしば、メディアに取り上げられている。一九九九年には「打工妹緊急救助基金」が設立され、セクハラ、レイプ、虐待、不当解雇といった困難な状況にあった打工妹に一時資金と避難場所を提供する取り組みを開始。二〇〇二年にはボランティア弁護士二十人とロースクールの大学生らによる打工妹法律支援グループが設置され、無料の法律相談、支援を行うようになった。また家政婦勤めをやっている打工妹同士のネットワークをつくり、討論会や交流会を催すほか、カウンセリング、文化教育講座などを設け、それを通じて権利意識や自分を守る法律意識の向上をはかってきた。

劉雲事件以外にも、解決できた事件がある。仕事帰りに暴行をうけ、望まぬ妊娠をしてしまい、臨月までどうすることもできずにいて、自殺しようとしていたレストラン勤務の安徽省出身の打工妹に対して、金銭的援助とカウンセリング、生まれた子供の養子縁組支援などを行ったケース。月額百五十元の低賃金で連続十三週間、休みも与えられずに家政婦の長時間労働を課せられたうえ、雇用主の男性に暴行を受け、負傷した山西省出身の王麗《ワンリー》の超過労働賃金・賠償金請求訴訟などは、「打工妹之家」の活動の成果とし[illegible]聞で大々的に報じられた。報道ベースでは五輪前の二〇〇八年までに、八千人以上の打工妹が[illegible]このNGOに助けを求め、人権事案七百件以上、訴訟支援四十件以上を支援してきた。ただし[illegible]やはり解決に持ち込めたのはわずか二十件で、NGOが救える少女たちはほんの一部でしかな[illegible]

　年若い打工妹はしばしばセクハラ、あるい[illegible]レイプにあう。二〇〇五年に「打工妹之家」が、北京の家政婦派遣企業などを通じて二百六[illegible]家政婦にアンケート調査を行ったところ、六・三%が雇用主からのセクハラにあったことがあ[illegible]と回答した。しかし、雇用主からのセクハラや性的関係の強要があっても、多くの打工妹は外[illegible]に話さない。この数字は実際より低いだろう。なぜなら、そういう関係の強要があって、それ[illegible]外部にばれれば仕事を失うことになる。黙って雇用主の要求を受け入れれば、辛い労働を多[illegible]減してもらえるし、殴られずにすむし、賃金が上がる。我慢するほうが、得ではないか、と。

　ただその結果、家人や周囲にばれて、金[illegible]さに雇用主を誘惑した悪癖のある家政婦だというレッテルをはられて、この業界で仕事を続[illegible]れなくなることもある。そして、本当に水商売や売春に転落するケースというのは少なくな[illegible]中国で売春女性は確かに多いが、非合法であり、中国社会、特に農村社会はそういう女性に[illegible]て寛容ではない。厳しい差別の対象だ。家計の助けになりたいと、けなげに出稼ぎに出てき[illegible]女でさえ、実家からも「人に存在を知られたくない娘」と見放されてしまい、帰る場所を失[illegible]都会の底辺を流浪するしかなくなってしまう。

　五輪後、労働法も改正され、最低賃金も[illegible]げされたので、そういう問題は過去のものとなったかというと、今なお、中国各地の地方紙を開けば、社会面の片隅で「河南省出身の二十一歳の打工妹がウエイトレス募集の張り紙に応募して面接に行き、雇い主に面接会場のホテルでセックスを迫られたため、ホテルの窓から投身自殺をはかった」「青島市で打工妹がウエイトレスの仕事だと思って求人募集にいくと、体を売るように迫られた。これに抵抗したのでアパートの三階の部屋に五日間監禁され、そこから逃げようと窓から飛び降り重傷を負った」「家政婦が雇い主にレイプされ妊娠した末、どうしようもなくなって公衆トイレで出産した」「雇い主が給料を払うのを拒否したため、絶望した打工妹二人が投身自殺した」といったミニニュースを拾うことができる。

打工妹の問題ではないが、二〇〇七年五月に発覚した「山西省れんが工場強制労働事件」では、誘拐された子供ら千人以上が強制労働させられ、最年少八歳の子供たちが一日十四時間労働を課せられていた。食事もろくに与えられず、衰弱死したものは工場敷地内に埋められ、刃向って撲殺されたケースもあったという。中には七年にわたって働かされていた子供もいた、といったショッキングな事実が中国内外で大きく報じられた。このとき、全国で同類の工場摘発が中央政府により命じられ、状況は改善されたと信じられていたが、二〇〇九年夏に安徽省でも同様の工場が発覚している。二十一世紀の華々しい中国の経済成長の陰に、年端もいかない子供や少女を牛馬のように働かせ搾取する十九世紀的なヤミ工場が存在することは、今も変わらない。

しかし、それでも農村の少女たちは都会に憧れ、働きにやってくる。

二〇〇四年四月四日の「打工妹之家」のパーティに話をもどそう。北京に出て来たばかりの女の子たちと雑談すれば、彼女らはまだ仕事の厳しさに不満を訴えるより、都会に出て来たことの嬉しさ、興奮の方がまさっていた。

私「あなたの賃金いくら？」

打工妹「私は月四百元もらえるの。三百元は実家に送るわ。私の稼ぎが実家の役に立ってうれしい。いっぱい働くつもりよ」

私「将来の夢は？」

打工妹「……結婚かな。子供を産んで、自分の家庭がほしい。で、北京で家が買えたらいいなあ」

あれから六年たって今、打工妹たちの中に夢を叶えた娘はいるのだろうか、と思い出す。それを確かめるすべはないけれど。

第三章　女強人《ニイチャンレン》（女傑）の擡頭

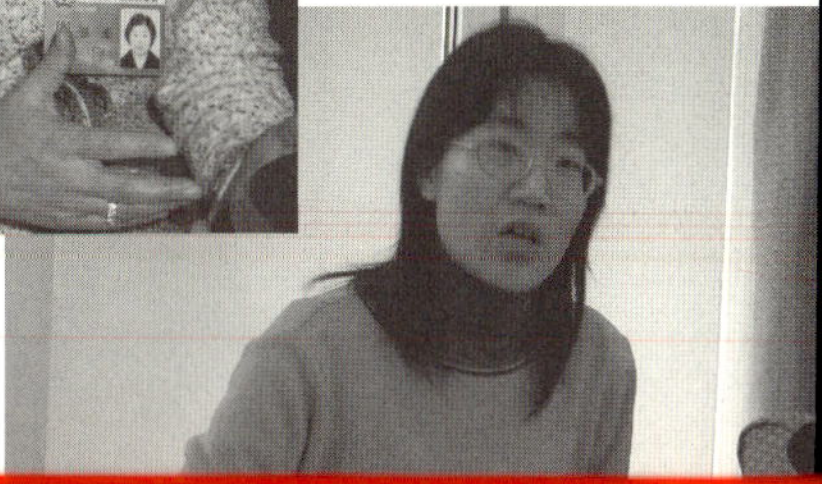

「おしん」のように貧困から脱し、
独裁権力・思想警察に歯向かい、
自らの障害にもめげないといった
「もうどうにも止まらない女たち」は
未来を見つめだした……

私は「おしん」と性格がすごく似ているの——張茵

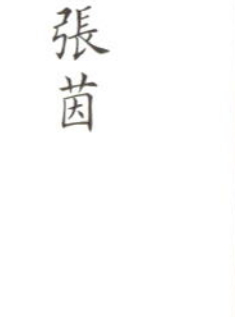

「你也是女強人！（あなたも女強人ですね）」

北京に来て間もないころ、ある日中関係者の会合で名刺交換して、私の職業を確かめた中国人男性は、握手の手を差し伸べながら、そう言った。そのときの相手が誰であったかはもう忘れているのだけれど、自分が「女強人《ニイチャンレン》」と呼ばれたことを覚えている。字面から、それが褒め言葉という気はしなかった。むしろ、女性らしさがない、という容姿や性格のことを言われているような、嫌な気がしたものだ。

「女強人」。女傑、と訳せばいいだろうか。普通に第一線で働く女性、キャリアウーマンをさす言葉でもある、ということもあとで知った。

中国には根強い儒教的な男尊女卑の価値観がある。その一方で共産党政権は男女の平等をうたっている。だから、日本などより、女性進出が目覚ましい部分もあるのだ。

たとえば政界では、鉄娘子《テイエニャンズ》（鉄の女）と呼ばれた、呉義《ウーイー》・前副首相の活躍は国内外で高く評価されている。二〇〇九年当時も呉義の予備軍女性官僚が国家機関および地方省・自治区・市の首長、副首長クラスに二百八十人以上いる、と言われた。財界の女強人はさらに多い。二〇一〇年に米経済誌「フォーブス」が選んだ資産十億ドル以上の富豪千人のうち、相続によらず一代で財を築いた女性は十四人だが、うち半分の七人を中国人女性が占めた。

その首位が重慶の不動産開発業・竜湖不動産発展有限公司の総裁の呉亜軍《ウーヤーチュン》だ。一九六四年生まれの彼女は、北西工業大学で機械工学を学んだあと新聞記者を五年勤めてから起業。不動産業界に進出したのは初めて買った住宅が欠陥住宅で、理想の住宅を手に入れたいと願ったから、とメディアで語っていた。彼女の個人資産は二〇〇〇年当時で三十四億ドルという。フォーブス誌は「中国は女性の実業家が活躍しやすい環境にある」と高く評価している。

また二〇〇七年に「フォーブス」が発表した中国の長者番付で首位になった楊恵妍《ヤンホイイエン》は、広東省を拠点とする民営不動産開発業・碧桂園集団の創始者、楊国強《ヤングオチャン》会長の二女で当時二十六歳。彼女の場合、父親から碧桂園集団の株七割を譲り受け、その後香港株式市場の上場によって資産を増やした。彼女はすでに大企業集団のCEOであり、最近の中国に目立つ富二代（金持ち二世）の典型だ。

「中国版おしん」の由来

こういった成功した経済界の女強人の中で、私がたった一度だが直接会い、深く印象に残っている人物が張茵《ジャンイン》だった。廃紙リサイクル業・玖龍紙業の総裁である彼女をインタビューしたのは二〇〇七年の春。中国の国会にあたる全国人民代表大会と並行して開催される全国政治協商会議（全国政協）に政協全国委員として出席するため上京したときだった。数人の中国人記者らとの合同インタビューに参加した。二〇〇六年、上海在住の英国人エコノミスト・フージワーフによる中国大富豪ランキングで、初めて女性で首位になった彼女は当時〝時の人〟だったが、開口一番、「一番の大富豪になったと言われても、昔の張茵と変わりないわよ。香港の港で炎天下、真っ黒に日焼けしながら、クズ紙買い漁っていたあの頃の張茵と同じよ」と親しみやすい笑顔で快活に言った。

耳には重そうなダイヤのピアスが光り、仕立てのよさそうなスーツを着ていた。「私はクズ拾いだったのよ」と、むしろ最底辺からスタートしたことを誇りにするように、胸を張った。肌の色が白く目元は若いころはなかなかチャーミングであったろうと想像させられるが、女の色気というよりは、〝肝っ玉かあさん〟風のたくましさと人懐っこさで、味方をつくって、困難を乗り切ってきたタイプではないだろうか。

彼女の自伝『中国女首富張茵』（何春梅著、中央編訳出版社刊）が中国で二〇〇九年に出版されているが、第一章に「中国版おしん」と紹介されている。NHK朝の連続テレビ小説「おしん」は底辺の貧困から立身出世した日本女性の物語で、ヤオハン創業者の和田カツをモデルにした、とも言われている。一九八〇年代半ば改革開放さなかの中国でも吹き替えで放送され、中国人がもっとも共感した日本ドラマの一つだった。張茵も自分を重ね合わせて見ていたという。「私はおしんと性格がすごく似ているの」とも言っている。

張茵の両親は俗に南下部隊と呼ばれた東北人民解放軍野戦部隊の幹部だった。一九四八年に結成された東北の若者ばかりの部隊で、破竹の勢いで南進し国民党軍を撃破した物語は、二〇一〇年にCCTVドラマ「南下南下」として放送され大ヒットした。彼女が生まれたのは一九五七年の広東省だが、両親の籍が黒竜江省だから原籍は黒竜江省である。堂々たる東北革命軍人の血筋だが、彼女の父親は文化大革命時に反革命罪[illegible]獄され、十代の少女時代は赤貧の暮らしだった。八人兄弟姉妹の一番年上で、いつも七人の弟[illegible]面倒を親に代わって見ていた。継ぎはぎだらけのズボンをはき、一年に肉を食べるのは年越[illegible]ときぐらいだったともいう。中学には通っていたが、通学路は十何キロも続く山道で、文革[illegible]というせいもあって、決して十分な義務教育は受けていなかった。

しかし父親の名誉が回復された一九八二年、[illegible]港という国際商業地区が近い広東には、実地でビジネスを学ぶチャンスはあった。聡明な彼[illegible]深圳の工場で会計係、合資企業の財務部長、貿易部長と働きながら、ビジネスノウハウを吸[illegible]ジョブホップしていく。一九八〇年に経済特区に指定された深圳の経済は成長の波に乗って[illegible]一九八五年までに三万元の元手をかき集めることができた。それをもって、一か八か、単[illegible]港に渡ったのである。二十七歳。決して若くはない。高度成長期を迎えている深圳での安定[illegible]職業を手放し、香港で起業しようという剛胆な決断は、東北から広東まで南下してきた東北[illegible]解放軍兵士の気質をしっかり受け継いでいるからこそできたのだろう。

最下層のスラムの男たちの世界へ

張茵は香港で、古紙回収業をやりたいと考[illegible]いた。若い女性らしからぬ発想を持つようになったのは、深圳で働いていたとき、ある製紙[illegible]の社長と出会ったことがきっかけだった。のちに張茵は、彼が仕事の一生の師であったと回[illegible]ている。インタビューのときも「ある人が『古紙を馬鹿にしちゃいかん。古紙は森林と同じ[illegible]地球の樹木には限りがある。いずれ廃紙から紙を造る商売が脚光を浴びることになる』と私に言った。その言葉が、すべての始まりだったわ」と語っていた。

当時、中国の紙質は非常に悪かった。もともと広大な大地に比して森林面積は少なかった。安い紙の原料はワラや乾燥した草が使われていた。上等な紙を造るには、原料を輸入パルプに頼らねばならないが、そうすると非常にコストがかさんだ。香港から安価な古紙パルプの輸入がないわけではなかったが、その製紙工場社長は、「香港からの古紙パルプは水分が多く質が悪すぎる」と言った。それを聞いて、良質の古紙パルプを香港から中国に輸出することはできないか、と考えはじめたのだった。

広東の幾つかの製紙工場に渡りをつけたところで、香港に来たものの、いきなり二十七歳の娘に古紙の買い付けができるかというと、そう簡単ではない。香港の古紙市場は最下層のスラムの男たちの世界だった。若い女性が香港で働くなら、もっとキラキラした世界があるだろう、と最初は誰も張茵が本気だと信じなかった。しかし、彼女は古紙業者たちのところに足しげく通い、情報を集め、毎朝誰よりも早起きして、港に走った。香港の港に各地から輸送された古紙・廃品が水揚げされていた。その古紙の質を見極めながら買い付ける。一トンの古紙、二百〜三百香港ドルの取り引きを一ドルでも安くと、値段交渉する。炎天下のその作業は、ビジネスというよりは肉体労働だった。

しかも、この仕事に従事する香港の最貧階層の男たちは、必ずしも、商業モラルや常識が通用する人たちではない。

香港の古紙市場の最大の問題は、古紙に水を含ませ、重量を重くして高く売ることがすでに慣例となっていた点だった。古紙に含まれる水[illegible]ひどいときは三〇％にも上った。これでは製紙工場に高くは売れない。彼女は自分が買う古[illegible]ついては、水分を重量の一五％まで落とすことを要求した。商品の質を高め、誠実な商売を[illegible]は顧客が集まり、単価も上がる、という、ビジネスの王道を行こうとしたのだが、これは最[illegible]非常な抵抗にあった。あまりにも激しく反感を買ったので、古紙回収の男たちに拉致され、[illegible]れるかもしれないと不安になって、帰宅の方法もある日は電車に乗り、ある日はバスに乗り[illegible]毎日、路線を変えたほどだった。恐喝電話が何度もあり、彼女の買い取った古紙に、こっそ[illegible]がかけられるなどの嫌がらせもしょっちゅうだったという。

「でも、それでもこの仕事を諦める気にはな[illegible]かった」

張茵は、古紙回収業者らのスラムのような[illegible]訪ね、そこで腹を割って商売の話をした。まだお嬢さんと呼んでもいいような女性が、そう[illegible]最下層社会に入り込んでくること自体が、古紙回収の男たちの心を動かしたのかもしれない[illegible]がて、彼らの信頼を徐々に得ていき、彼女のもとに古紙が自然と集まるようになった。一方[illegible]女が師匠と仰いでいた広東省の製紙工場社長は、自分の一言が、彼女をこの業界に足を踏み入[illegible]せたことに責任を感じていたこともあり、彼女から積極的に古紙パルプを仕入れるなど、応[illegible]た。

そうやって五年間、奮闘している間に、彼[illegible]香港最大の古紙輸出商となっていた。顧客は大陸の製紙工場だけでなく、東南アジアにも広[illegible]ていった。この間、遼寧、湖北、河北などの製紙企業と合資で、製紙工場を造ったほか、一[illegible]八年には広東省東莞市に独資で製紙工場を建てた。また、台湾生まれブラジル育ちブラジル[illegible]籍の歯科医、劉名中と出会い、結婚もした。流暢な英語とポルトガル語を話す夫の存在が、やがて英語の話せない張茵に米国進出を決意させることになる。

チャイナ・ドリームを体現したが……

一九九〇年。夫婦は米国に渡る。米国は紙の大量生産国であり大量消費国だから古紙・廃紙も多いはずだ。しかも古紙回収のシステムも確立しており、買い付けしやすいだろう。米国の古紙原料を中国に輸出し、中国国内の製紙業を一気に拡大しよう、と考えたのだった。そのころ中国の古紙原料市場はまったくの空白に近かった。

二人はロサンゼルスに米国中南公司という紙箱製造企業を設立した。夫婦は中古車を運転しながら、米国中をまわって古紙の買い付け先を探しまわったという。

九〇年代の中国は奇跡の高度成長時代だった。張茵の会社は米国の古紙・廃紙の対中国輸出をほぼ独占する形で成長した。それは、不動産開発やITといった、ふつうの起業家が目をつけそうな華やかな業界ではなく、古紙回収、製紙というどろくさい産業を選んだ張茵の先見の明のおかげとも言える。一九九六年に、東莞市に現在の「玖龍紙業有限公司」を設立。米国から輸入した上質の古紙パルプを利用して高級包装用紙の生産を本格的に始める。米国中南公司は二〇〇〇年以降、売上げを平均三〇％のばし、二〇〇五年には、米国全土の古紙・廃紙の実に七分の一を取り扱い、中国の再生紙原料の四分の一をまかなった、という。

二〇〇六年に玖龍紙業は香港株式市場に上場。購入申し込み倍率は五百七十八倍となり、資金調達額は三十八億香港ドル（約五七〇億円）に上った。その後、株価の上昇などによって、張茵の個人資産はわずか一年で三十億元から二百[illegible]億元に跳ね上がった。この年、彼女は中国一の富豪という格付けを、在上海英国人エコノミストのフージワーフから与えられた。

女性で、貧困から身を起こし、さほどの学歴もなく、しかも古紙という〝ゴミ〟から巨万の富を築いた成功は、他の富豪伝説の中でも異色だ。スキャンダルやトラブルがまったくないわけではないが、それでも彼女が、貧困層の女性という立場からチャイナ・ドリームを体現した筆頭であり、困難を次々はねのけていくたくましさは称賛に値することは間違いない。二〇〇九年、彼女は再びフージワーフの中国女性版長者番付で中国一の富豪に選ばれた。リーマンショック後の十三カ月の間に九七・三％も株価が落ち込み、倒産の噂さえ流れたのちの、見事な復活だった。

しかし、彼女のようなまったくのゼロから始まるチャイナ・ドリームは、これからは、難しくなっていくと言われている。文化大革命で社会全体が疲弊した後の改革開放初期は、庶民の多くが平等に貧しく、平等にスタートラインに立つ機会が多かった。しかし、今の中国は持てるものと持たざるものの差が大きすぎ、持たざる者が這い上がるチャンスが少なすぎる。張茵は、貧困農村の子供たちに大学進学資金を援助するなどの慈善事業を長く続けているが、それでも事業と財産は自分の息子に譲りたいと公言している。財界でも太子党（共産党幹部の子女の総称）や富二代（資産家の子女、親の富を受け継いだ二代目の総称）が、富と利権と要職、チャンスを独占する傾向がむしろ二十一世紀に入ってより強くなっている。だから、彼女も最近は、チャイナ・ドリームの象徴としての憧れより、「仇富」という、庶民の金持ちを憎む感情の対象としてネットメディアに登場することが増えている。

母親の弱さが

中国で二〇一〇年、ゴシップニュースとして話題に取り上げられたのは、張茵の後継者問題だ。彼女のビジネス以外の私生活はあまり明らかにされていないが、二人の息子がある。長男・劉普《リュウプ》嵩《ソン》は一九八二年生まれの二十八歳、と報道されている。

劉普嵩はすでに米コロンビア大学でＭＢＡをおさめ、〇九年に玖龍製紙の執行役員となっている。

「息子たちが事業を継ぐのは責任と義務」と言い続けていた張茵は、子供たちに徹底したリーダーとしての教育を与えてきたという自負がある。息子たちには夏休みを利用して、工場のラインでアルバイトをさせたこともある、と自伝の中で子育てについて語っていた。「息子には母親として構ってやれなかった分、よい未来を与えたい」とも。

私がインタビューしたときは「富は個人の努力の積み重ねの結果であるべきよ。必要なのは道徳と勤勉さ」と成功の極意を語り、若者たちが苦労せずに富を得る風潮を批判していた彼女が、実際は財産と事業を息子に譲り渡す方針でいることに、少なからぬ失望と批判の声がないわけではない。

二〇一〇年三月、中国のネットニュースでみかけた張茵は、新聞記者たちに後継者問題について尋ねられた。

張茵は「富二代（富豪の二代目）を馬鹿にしないで」「能力がなければ継がせないわ」と主張し

ていた。かつて私に「仕事で女性がハンデだ、と感じたことはない。自分の生涯を振り返って、苦労なんて何もなかったわ」と語った男勝りの女強人も、人並みの母親の弱さがあることを、メディアのカメラは教えてくれていた。

私の活動の力の源泉は「愛」――侯文卓

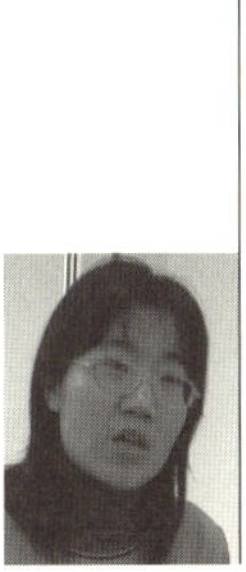

米国帰りの人権活動家、侯文卓《ホウウエンジュオ》は痩せぎすで、めがねをかけて、私が言うのもなんだが、色気のいの字もないような女性だった。でも、タフでへこたれない、本当に強い女だった。

「あなた、どうしてそんなに強いの？」と、口頭で聞いたことがある。

二〇〇八年八月、北京五輪が始まっていた。彼女から三年ぶりに電話があって呼び出された。

「ねぇ、メイプルシロップ買って来てくれない？　中国製の偽物はだめよ。カナダから輸入した一〇〇％純正のやつ」

彼女が私に会いたがっているときは、何か言いたいことがあるのだ。私は、香港系スーパーの華潤に寄ってカナダのブランドのメイプルシロップを一瓶買うと、彼女が今暮らしているという市中心からやや北にはずれた米国系環境保護NGO事務所にタクシーで向かった。樹木が繁る小区《シャオチー》（住宅街）のなかをぐるぐる探し回って、その事務所があるという古いアパートの号棟を探し当て一階の呼鈴を鳴らした。彼女は用心深そうに四階の窓から顔をのぞかせて、私を確認したあと、鍵を開けた。私を迎え入れた姿は、恐ろしく痩せていて、「ねぇ、安全部いたでしょう？」と強《こわ》ばった声で聞いてきたのだ。

彼女はその年の六月、中国のいわば秘密警察である国家安全部に十八日間も監禁され、厳しい尋問を受けていた、という。そして釈放された今も監視をうけ、脅迫電話もかかってきて、外に出られない状況なのだ、と説明した。

「監禁されて以来、胃腸が弱って、だめなのよ。で、そうだメイプルシロップが免疫力アップにいいんだ、と思い出して」

そんな安全部が監視しているど真ん中に私をおびきだしたのね、盗聴者にわざと聞えるように大声で軽口をたたいた。そして彼女がこの四年間に安全部と渡り合ってきた経験を聞いたあと、本当に感嘆に近い思いで言葉をもらした。

「あなた、どうしてそんなに強いの？」

彼女の生き方は、ぼこぼこにパンチをくらって倒れても、何度も起き上がってファイティングポーズをとる、拳闘士のような凄みのある強さだ。

「マギーって呼んで」

候文卓は私より三つ年下の一九七〇年生まれだ。初めて会ったのは二〇〇三年の暮れか二〇〇四年の初めだった。当時、社会問題となっていた北京の都市再開発にともなう市民の強制立ち退き問題の取材現場で、米国紙の記者から、「オックスフォードとハーバードに留学して、中国には最近帰ってきたばかりの法律家」として紹介された。彼女は「マギーって呼んで」と英語名を名乗った。だから、私はその後もずっと、マギー・ホウと呼んでいる。

英米名門大学に留学できるほどの能力と環境を与えられていながら、マギーがなぜ人権活動家という、いわば中国においてはアウトロー、お尋ね者の道をあえて進んでいるのかを、説明しておこう。

きっかけは、一九八九年の天安門事件だった。そのころマギーは四川大学英文科の一年生。「私の青春も、その熱狂的な民主への希求の渦に巻き込まれた」と振り返る。民主化こそ国家のあるべき姿と強い信念や定見を持っていたわけではない。ただ、このときの熱狂の後にきた深い喪失感、蟻のように踏み潰される力なき中国人として胸に刻まれた痛みが、彼女に人権擁護活動に人生を捧げる決意をさせた。

一九九八年に英国で難民問題と人権問題を学ぶために、オックスフォード大学に私費留学した。彼女の家庭の背景は深く突っ込んで聞いたことはないが、天津に暮らしている親が多少の援助をしたようだ。MBA取得や帰って来てビジネスを起こすための箔《はく》をつけるという目的ではなく、西側の人権関連法が中国に適合するか研究したい、という普通の中国人なら目を剝くような目的でよく家族が留学に送り出したものだと思う。

「このときは、私は愛国青年だったのよ。西側の人権原則が絶対正しいわけではないかもしれない。西側の人権原則をそのまま中国に移植できないかもしれないという疑いの気持ちから、それを見極めるぐらいのつもりだった」

しかし、そこで中国人として中国について余りにも無知であったことを思い知る。中国人が知るべき中国国内の人権弾圧のさまざまな例が、報道統制でもって、まったく知らされていないことに愕然とした。

その後、一九九九年から二〇〇〇年までカナダに行き、人権活動の研修を受ける。国連女性開発基金（ユニフェム）や国連児童基金（ユニセフ）関連の仕事を手伝うなどして、実地の経験も積んだ。この間、中国公安部が警官のために行う人権研修に米国心理学者の講師と一緒に助手として参加したこともある。これはユニセフが中国公安部に協力して行う女性児童誘拐撲滅プログラムの一環として行われた研修だった。後に公安警察から目の敵にされ、追いまわされるマギーが、このときは若い警官相手に人権に関する講義をぶっていたのかと思うと、不思議な気がする。

二〇〇一年から米国・ハーバード大学のロースクール人権研究コースに留学した。マギーは農民問題、流動人口問題、出稼ぎ者の権利、陳情者の権利問題をテーマに選んだ。そして二〇〇三年十一月に北京にもどり、ロサンゼルスタイムズ記者の助手をしながら、「仁之泉工作室」という無料人権相談事務所を立ち上げた。

私が最初に彼女と出会ったのは、ちょうどそのころだった。

初めて会ったときの印象はとにかくパワフル。話し始めると英語をまぜながら機関銃のように主張する。化粧をまったくしていない顔に銀縁めがねをかけて、シャツの下の申し訳程度の膨らみに気付かなければ、まるで男の子だった。彼女が恋の話やショッピングやファッションに夢中になっているところなんて想像できない。修行僧のようにストイックに、如何にすれば困っている人の役に立てるか、中国の人権状況を改善できるか、それればかりを考えているような印象だった。彼女は地方からの陳情者の悩みや相談を聞き、必要とあれば手弁当で現地に行って調査をし、そしてその調査結果を外国メディアに訴え、記事として取り上げてもらう、そういう、金にならない仕事に髪を振り乱しながら没頭していた。正義感と信念が、服を着て走りまわっている、と私は彼女を見かけるたびに感じた。

しかし、いかに彼女が正義と信念を掲げようと、これは中国の国家安全部から見れば悪だった。

二〇〇五年ごろから、彼女は公安部と安全部から付けまわされるようになる。

このころ、マギーは全国の農民の人権問題をテーマに農村を歩きまわっていた。中でも、七月から九月にかけては広東省仏山市南海区の強制立ち退きの違法性を集中的に調査し、国内外メディアに対し記者会見を開き、海外紙を含む幾つかのメディアに報道させることに成功していた。しかし、そのころから、露骨な嫌がらせが始まる。彼女の個人的な支援者らに、安全部から圧力がかかり、家主が引っ越しを迫るようになっていた。「たぶんこのときから、ブラックリストに載った」と振り返る。

八月末、北京で開かれる米中人権対話に臨席するために国連人権高等弁務官ルイス・アルブールが訪中する日の朝、マギーが清華大学と北京大学が隣接する一角に借りた自宅のアパートから外に出ると、一台のパトカーと複数の警官が門前に並んでいた。帰宅すると、家の中が荒らされ、パソコンと携帯電話、パスポートが無くなっていた。彼女がおののきながら朝陽区の事務所に行くと、事務所にも警官が「捜査」に来ていた。

九月に入ると、マギーへの監視と嫌がらせが激しくなり、「仁之泉工作室」に部屋を貸していた家主から、今後はもう部屋を貸せないと告げられた。その数日後、自宅のアパートからも出て行くように、不動産仲介業者から言われた。この物件を紹介してくれた親切な不動産仲介業者は、いますぐ出て行かないと、電気ガス水道を止め、暴力的手段に訴えるしかない、と脅迫した。彼女は大人しく出て行ったが、三カ月分前払いしている家賃は返ってこなかった。

住むところがなくなったマギーはしばらく、安全部から身をかくすように友人宅を転々としていたが、二〇〇六年十月に、外国籍の友人とルームシェアすることにした。契約は友人がするし、マギー自身の名前が表に出ない限り、居所が分かるはずはないと思ったのだ。だが、たった一度、陝西省の知り合いの弁護士に電話をかけただけで、安全部がマギーの居所を突き止めて、やってきた。そして「十一月の中国アフリカサミット会議が北京で開かれている間、どこかに旅行に行ってほしい、さもなければあなたを監禁せねばならない」と告げられた。大きな国際会議が行われている会場にはたくさんの国内外メディア記者も集まる。そういうところで、人権活動家や民主活動家にうろちょろされたくない、と考える安全部はしばしば、こういう形で旅行に誘いだす。マギーは結局、男性警官、女性警官と一緒に行きたくもない河南旅行に行ったのだった。

彼女はなぜ、ここまで嫌がらせを受けるのか分からない、という。思うに、彼女が最初に、目をつけられた事件は二〇〇四年、ロサンゼルスタイムズの助手として、新疆ウイグル自治区の企業家の冤罪事件を取材したことだったろう。この企業家は不動産開発を独自で行っていたが、地元政府から「開発許可」に対する法外な見返りを要求され、その要求を拒否すると、破産させると恫喝された。しかし、それでも企業家が屈服しなかったため、企業家とその二人の息子は公金横領、汚職の容疑で指名手配、逮捕された。中国ではありがちな話だ。だが、マギーはこの事件をロサンゼルスタイムズに掲載させた。

　また、彼女は山東省の盲目の弁護士・陳光誠の支援も行っていた。陳光誠は、独学で法律を学び、不当に搾取され、人権を侵害される農民の権利擁護を助けるいわゆる「はだしの弁護士」の一人だが、山東省臨沂市強制計画出産事件を告発したことで二〇〇六年三月に逮捕され、同八月には器物破損、交通擾乱などの容疑で四年三カ月の懲役刑の判決を受けて、投獄されている。

　山東省臨沂市強制計画出産事件とは、二〇〇五年七月九日、臨沂市の共産党委員会と人民政府が、年度末までに同市の計画出産、つまり一組の夫婦で一子しか儲けてはならないという一人っ子政策の徹底を指示する決定を通達したことに始まった、凄まじい人権侵害事件である。市内の女性に対して、二子目の強制堕胎や出産年齢に達した女性に対する強制避妊手術などが次々行われ、二子目がすでに生まれている家庭に対しては法外な罰金が徴収された。翌二〇〇五年二月十四日、市党委員会は再度、計画出産の徹底を指示する「紅頭文件」（共産党の通達文書、一般に機密事項に当たる）を発し、三月以降、全市をあげた暴力的な計画出産運動が展開された。抵抗者は殴る蹴るなどの暴力、拘束を受けた。あるいは、強制的に学習会に参加させられ、学習費を徴収された。

　陳光誠はこの事件の知らせを受けて四月半ば、妻と共に調査を開始、調査結果をメディアに公開し、香港の自由アジア放送がこれを大きく報道した。また六月には調査報告をネットで公開し、国内外から大きな反響を呼んだ。陳光誠の告発によって九月までにワシントンポスト、ニューヨークタイムス、ＢＢＣ、ＡＰ、共同通信、新聞週刊など国内外のメディアが現地を訪れ取材し、国内外世論に押されるかたちで国家人口・計画出産委員会も事実関係の調査に乗り出さざるを得なくなった。

臨沂市当局はこの報復に八月から陳光誠夫妻の自宅監視を開始した。身の危険を感じた彼は一人で上海、南京、北京などを転々として隠れたが九月六日、北京で米タイムス誌の取材を受けたあと、公式の書類のないまま山東省公安当局に不当に拘束された。このときは、欧米メディアが騒ぎ出し、翌日にいったんは妻のいる自宅にもどされるが、軟禁状態が続いた。そして二〇〇六年三月十一日、彼は突如警察に連行され行方不明になった。三カ月後に、妻は警察から、聚衆擾乱交通容疑（大衆を集め交通を妨げた罪）などによる陳光誠の逮捕の通知を受ける。彼の裁判は臨沂市沂南裁判所で異例の速さで行われ、懲役四年三カ月というこれまた異例に重い判決が言い渡された。

このように欧米メディアに中国の恥部を晒した者が受ける報復は、容赦なく激しいものだった。そういう意味で、マギーも間違いなくブラックリストの上位に載る人物なのだ。

彼女はそんなふうに安全部と公安部から監視と嫌がらせを受けながらも、萎縮することはなかった。

二〇〇七年には青海省ゴロク・チベット族自治州で、貧しいチベット族の子供たちのための学校を設立するプロジェクトを立ち上げた。それは通常のボランティア活動となんら変わらないものだが、青海省はいったん了承していた事業登録の急遽取り消しを通達してきた。また青海省西寧市のホテルに泊まっている彼女のもとへ警察と安全部がやって来て、詳しい調書を取り始めた。

「何のために青海省に来た？　きのう、ネットカフェで何をしていた？」

彼女自身は、堂々と正しいことをやっていると胸を張って答えられるが、警察は彼女を支援するチベット族らのところまでおしかけた。

学校設立プロジェクトはなんとか進行した。だが、二〇〇七年十二月、マギーがボランティアで授業をしてほしいと頼んでいた漢族の友人が列車に乗ろうとしたところ、安全部に止められた。友人は「もし、このままゴロクに行って侯文卓と会えば拘束されるかもしれない、と脅された」と伝えてきた。

このころから彼女に対するインターネット統制が厳しくなりはじめた。インターネット電話ツールのSkypeやグーグルのウェブメールサービス・gmailにログインすると、インターネットが強制的に切断された。やがて使用していたgmailやhotmailのパスワードが勝手に改竄され、使えなくなった。また彼女の名前を騙ったgmailが友人のもとに送られ、資料の出所などを聞き出そうとした。これがのちにGoogleが中国から撤退するしないの騒ぎに発展した、人権活動家のgmail検閲問題である。

そういう真綿で首を絞めるような圧力が三年あまり続いたのちに、大事件が起きた。

拘束されたマギー

二〇〇八年五月三十日、マギーは突然、安全部に拉致され、北京郊外の政治犯が投獄されることで有名な秦城監獄に連行された。

北京五輪の開催年のその年の三月十四日、チベット自治区ラサで大規模な騒乱が発生した。騒乱はチベット地区各地に飛び火し、これを中国側が武力制圧したことによる死者、失踪者の数についてはいまだに、中国政府の発表（二十三人）とチベット亡命政府の見解（二〇三人）に大きな食い違いが残る。このことから、国際社会では中国に平和とスポーツの祭典・五輪を行う資格があるのかという批判が高まり、各国で行われた聖火リレーは現地の人権活動家に妨害され、それに怒った中国人留学生らが市民と衝突するといった事件が多発した。一方で、各国に散らばる人権活動家、法輪功学習者、亡命中国人らが連携して「グローバル人権聖火リレー」が北京五輪の聖火リレーに対抗して行われた。

このため、中国当局は国内の少数民族、民主活動家や人権活動家への監視を強化していた。特に天安門事件記念日の六月四日の直前は通常より監視が厳しくなった。

マギーにも五月二十五日からべったりと監視がついた。外出はできるが、どこに行くにも警官が犬のようについてくるのは鬱陶しいことこの上ない。しかも、またもや当局の圧力を受けて、大家が友人名儀で借りていた部屋を出て行ってほしいと言い出した。マギーは耐えかねて「いっそ、安全部幹部と直接対話したい。私はあなた方に言いたいことがあるの。直接対話できないなら、公開質問状をネットで公開するわ」と、監視の警官に訴えた。自分は決して反政府的ではなく、中国憲法が定めている範囲の庶民の人権を守る活動しかしていない。政府転覆など、当局が心配しているような活動をしているわけではない、直接それを話せば分かりあえる。そう考えていた。彼女の根っこは今も昔も変わらぬ愛国青年なのだ。しかし、それは彼女があまりに性善説であったと、あとで分かることになる。

それから二日後の五月三十日午後八時ごろ。監視役の顔なじみの若い警官が「安全部の幹部があなたと対話をしてもいいと言っている」と告げた。「場所は三里屯の喫茶店ではどうか」という。場所が公の喫茶店であったこともあり、彼女はみじんも疑わずに、その若い警官と共に、地下鉄十号線の三里屯駅の近くにある喫茶店に出かけた。

喫茶店は新しい建材の匂いがした。できたばかりらしい。店主が一人いる以外、客は一人もいなかった。マギーはホット・コーヒーを頼むと、監視役の若い警官相手に、農民の人権問題について雑談していた。

しばらくすると、若い警官の携帯電話が鳴った。警官は電話を受けながら、「道に迷っているみたいだから、ちょっと迎えに行ってくるよ」マギーを一人残して、席を立った。いつの間にか店長も姿を消し、店内にはマギー一人になっていた。

ほんの数分のことなのだが、長い時間が経ったような気がした。

突然、五人の男女が店内にずかずか入って来た。一人がカメラを構え、マギーに向かってフラッシュを連続して焚いた。ひるんだすきに、彼女の両横に黒衣の男女が挟むように座り、その両手を捉えながら、ポケットに手を突っ込みさぐった。別の男がすでにマギーのウエストポーチとデイパックを取り上げた。隣に座った男が耳もとで低く囁いた。

「いくぞ！」

何が起きたのか、状況把握ができないまま、両脇を抱えられ引きずり出されるように喫茶店を出ると、店の前に黒塗りのセダンが止めてあった。後部座席に両脇を挟まれたまま座らされると、黒い袋のようなものを頭からかぶせられた。何も見えなくなった。

エンジンがかかり、車が動く振動と加速を感じた。マギーは頭の中で落ち着け、落ち着けと呟き続ける。少し冷静になってくると、「いくぞ」と隣でささやいた男に見覚えがあったことを思い出した。朝陽区と海定区で何度か見かけたことがある。安全部の人間だ。そこでようやく自分が拘束されたのだと気付いた。

車が高速道路に上がる気配がする。彼女の中の方向感覚から、それは恐らく京昌高速道路だと思われた。北京市昌平区小湯山に位置する秦城監獄の方向だ。

それは中国で最も名高く歴史ある監獄だ。一九六〇年の設立以来、おもに政治犯、汚職犯を収容してきた。権力闘争で敗れた大物政治家の多くがここに投獄された。文化大革命（文革）で失脚した劉少奇の妻・王光美はこの監獄で十二年を耐えた。文革を主導した毛沢東の妻・江青ら四人組も投獄された。一九八九年の天安門事件では、民主活動家の魏京生《ウエイジンション》や趙紫陽元総書記の秘書だった鮑彤《バオトン》も投獄された。

マギーが乗せられた車は一時間半ぐらいして、止まった。早鐘を打つような心臓もようやく落ち着いてきた。また挟まれるように、車から降ろされ、建物の中に連れ込まれて、エレベーターと長い廊下を経て、一室に辿りついた。そして背もたれのない椅子に座らされて、ようやく頭を覆っている布が取られた。

白熱灯の光に目がくらんだ。二、三回、まばたきして見渡すと、自分の両脇に座った黒衣の男女が、テーブルを挟んで前に座っていた。部屋は三ツ星ホテル程度の設備で、広さは二十五平方メートル前後。まだ保護ビニール膜がついたままのダブルベッドが壁際に設置され、バスルームもある。窓には遮光カーテンがかかって、外は見えなかった。黒衣の女性がマギーのポケットにたていたティッシュを取り出し机の上に置いていた。ポケットに入っていたのはそれだけだった。

黒衣の中年男が入ってきて前に座った。

「私たちは会ったことがあるね、侯文卓」

マギーはめがねを外されていた。目を細めて相手の顔を眺め思い出そうとした。

「前に会ったとき、今度は別のところで会おう、と言ったじゃないか。我々と戦うには、君、ちょっと甘すぎるんじゃないか。我々をがっかりさせないでくれよ。ほら、よく自分がどこにいるか見てごらん」

穏やかだが、毛が逆立つような凄みがある声だった。

それでもマギーはファイティングポーズをくずさない。

「あなたたちが、目隠ししたんでしょ。どこにいるかなんて分かるわけ、ないわよ」

だがその時にはマギーはだんだん、黒衣の中年男の顔を思い出してきた。二〇〇六年八月、山東省臨沂市の裁判所で盲目の弁護士・陳光誠の裁判が行われたとき、マギーは仲間の人権活動家らと共に裁判所の門前で抗議活動を行い、その後、外国メディア向けの記者会見を開いた。その翌日、北京の自宅でマギーが米国人の友人と酒を飲んでいるときに訪ねて来たのが彼らだった。このとき中年男は「人権擁護活動は、あんなに激しくやるもんじゃない。もう少し別のやり方ならいい」と告げた。陳光誠の案件にもう関わるなという警告だ、と理解した。

そのときと同じ穏やかだが凄みのある声が、マギーを再び現実に引き戻す。

「真面目に答えればいいんだよ。何を知っているのか、何をしたのか、なぜここに連れてこられたのか、すべて正直に話せばいい」

黒衣の中年男は微笑した。

マギーは拘束されたのは初めてで、内心は非常に怯え、緊張していた。油断すると失神しそうだった。同時に、簡単に釈放してもらえないことを直感していた。気を奮い起こしてファイティングポーズをとる。法律家の口調になって、

「あなた方は何者ですか？　何を証拠にあなた方を警察だと信じればいいんですか？　警察なら警察のルールというものがあるでしょう。公務執行のときは必ず制服を着て徽章つきの警帽をかぶり、警察手帳を提示しなければならないはずです」とまくしたてた。

しかし、中年男は微笑したまま、これに答えない。

マギーは続ける。

「一九九六年に改定された刑事訴訟法によれば、容疑者は推定無罪の権利を有します。もし私が罪を犯したという確たる証拠を持っていないなら、私を無罪としなければなりません。この法改正は国連人権規約に準じて行われ、中国の刑事訴訟領域において最大の進歩と国際社会からも高く評価されています……」

オブザーバーのように傍らに座っていた太った男が、恫喝するよう大声をあげた。

「はあ？　お前は学校の先生かよ。偉そうに講釈たれるのが、習い性になっているのか？」

マギーは無理やり微笑をつくって、「私は教師の資格も持っています。外国の学生と中学生の前で教壇に立ったこともあります。今は青海省ゴロク・チベット族自治州でチベット族の子供たちのためにボランティアで学校運営もしています」と返した。

私は投降しない！

こういったやり取りが何時間も続いた。こんな非合法な取り調べに屈してはいけない、と。彼女は怯えや怒りの表情を面に出さないように必死で、唇に微笑を浮かべ、理論整然と語り続けていた。

やがて、例の黒衣の青年が一枚の文書を持ってきて読み上げた。

「候文卓、あなたは刑法違反の疑いがあるため、ここにて居住監視が行われます。北京公安局」

そして、取り上げていためがねとペンを渡されてサインをするよう促された。

どう見ても偽造文書だった。監視期間も書いておらず、そもそも、こういう文書は普通なら北京市公安局の特定の課の責任者のサインがあるはずだ。マギーは最初、サインを拒否した。あきらかに普通の逮捕のプロセスではない。普通は拘留、逮捕、起訴、裁判という流れになるが、そういうルールはまったく無関係の超法規的措置というわけだ。しかし、こうも考えた。不潔な拘置所に放り込まれるよりは、三ツ星ホテル並みの清潔なこの部屋で過ごす方がましかもしれない。結局、サインした。

さらに、机の上に、マギーのデイパックに入っていたノートパソコンや携帯電話、メモ帳などを並べ、押収物リストを作成し、サインが求められた。

マギーのノートパソコンの中には、多くの国内外新聞記者、弁護士、人権活動家、農民陳情者、外国の大使館関係者の電話番号や住所、メールやチャットでのやり取りの記録などが入っている。このパソコンが安全部の手に渡ったことで、どれほどの人に迷惑がかかるかと思うと、頭をかかえて悲鳴をあげたくなった。しかし、これもサインをせざるを得なかった。

マギーは三里屯の喫茶店でコーヒーを飲んだせいか、眠くはなかった。しかし疲労困憊だった。時刻は不明だがもうすぐ夜明けだろう。「睡眠をとりたい」とマギーが言うと、オブザーバーの太った男が「お前、何が寝たい、だよ？」と笑った。

「睡眠の剥奪は国連も禁じている拷問よ」とマギーが言い返した。かなり長い時間たってから、睡眠の許可がおりた。マギーは壁際のベッドに横になることが許されたが、男女ペアの監視員は部屋に残ったままで、白熱灯は煌々とつけたままだった。

部屋の明るさと、寝言で何を口走ってしまうか分からない恐怖のせいで、その夜は結局一睡もできなかった。


翌三十一日は朝から、本格的な尋問が始まった。

マギーは「あなた方は尋問するのが仕事だから、尋問すればいい。でも私には答えない権利があります」と、徹底抗戦を宣言した。

「年齢は？　住所は？」

「答えるつもりはありません」

「身分証の番号は？」

「答えるつもりはありません」

彼らの額に青筋が立ち始めた。

「どうして答えない！」

そうやって押し問答していると、前日の黒衣の中年男が、背の高い白いシャツの男と共にやってきた。白シャツの男は、明らかに他の尋問員とレベルの違う、おそらく安全部の幹部と思われた。物腰は優雅で、若々しく、自信に満ちて、よく通る快活な声をしている。

「君は青海から帰ってきてから忙しかったようだね。実は我々もそんなに暇じゃないんだよ」

白シャツの男は笑った。

「お互い素直になろうじゃないか。君はここで憲法を勉強するんだ」と続けた。

マギーは「刑法より憲法を勉強すべきだわ」と冷静に返す。

白シャツの男はマギーに次のように語った。彼は友達との雑談のように楽しげだが、その内容は恫喝だった。

「君は愛国心があるかい？　どこの国に対する愛国心だい？」「高智晟《ガオチション》も実はここで尋問を受けたんだ。彼はいつまで監禁されるのか、と尋ねたよ。それは自分次第だよ、と答えた。素直にすれば寛容になる。抵抗すれば、厳しくせざるを得ない。よく学習し、態度がよければ、こちらも誠実に応対するよ、とね」「マンデラは三十年獄中にあったね。アウンサン・スーチーも十年以上軟禁されているね。候文卓、君は何年ぐらい耐えられる？」「高智晟と胡佳《フーチア》は、自分の過ちを認めたから比較的短時間でここを出たんだ」「魏京生も、私がここで尋問したんだよ……」

彼の言葉から、ここが秦城監獄であるという自分のカンが当たっていたことを理解した。この白シャツの男が、魏京生が秦城監獄に収容された時から安全部員だとすれば、恐らく局長クラスの幹部だ、とマギーは考えた。

さらに言えば、中国で邪教とされ激しい弾圧をうけた法輪功学習者らの弁護にかかわった人権派弁護士で二〇〇七年から拘束され、一時は拷問死の噂も取沙汰された高智晟や、売血によるHIV感染者の人権擁護活動を行い、二〇〇七年十二月に国家政権転覆扇動罪で逮捕され、三年六カ月の懲役刑を言い渡され服役中の民主活動家・胡佳の処遇も彼の判断が関わっているようだった。

マギーは「米軍でも、捕虜の扱いは、もっと丁寧です」と挑発した。

側に座っていた黒衣の中年男が「捕虜は投降したんだ。なら、お前も投降しないか」と、口を挟んだ。

「そうね、投降するのもいいかもしれない。でも、私はやっぱり投降しない、投降しない！」

マギーは、ここまで安全部にいじめぬかれなくてはならないようなことをしたのだろうか。私は彼女の安全部から受けた仕打ちの話を聞きながら、疑問を差しはさんだ。

マギーは言う。

「彼らは最初、私を捕まえた理由を言わないの。彼らは私に自白させようとする。でも、そのうち、彼らの方から、しつこく、私が王軍濤《ワンチユンタオ》とSkypeで会話した内容を聞いてきた。私が答えないでいると、グローバル人権聖火リレーについて聞いてきた。

私は確かにSkypeで、王軍濤と人権聖火リレーについて、意見交換していたの。そのときまで、Skypeだけは、会話の中身を当局に知られていないと信じていたからショックだった。たぶん、今回、彼らの逆鱗《げきりん》にふれたのは、人権聖火リレーの成功だった」

虎の尾を踏んだ

一九五八年生まれの王軍濤は一九八九年の天安門事件において学生民主化運動の軍師的存在で、当時は北京社会経済科学研究所の副所長だった。北京大学では次期首相候補の李克強と同窓生だ。一九九〇年十一月に逮捕され反革命宣伝扇動罪などで懲役十三年の判決を受けるが、一九九四年に病気治療目的で釈放され、米国に亡命し、今も在米で中国の民主化運動のリーダー格だ。マギーは米国留学中に王軍濤と知り合い、以降ずっと連絡を取り続けてきた。王軍濤は法輪功とのパイプも太く、グローバル人権聖火リレーは事実上法輪功の企画、運営によるイベントでもあった。

法輪功についても説明が必要だ。中国共産党はチベット族やウイグル族の独立派と同等、それ以上に警戒し続けているのが法輪功だからだ。

これは当初は宗教というより、吉林省出身の気功師・李洪志《リーホンチー》が編み出した一種の健康法で九〇年代に中国全土で大流行した。医療・衛生環境も立ちおくれ、老後の社会保障も未整備の中国では、病気になること、老いることに対して強い不安がある。手軽で費用もかからず、どこでもできる法輪功は、九三年には中国当局も健康法として推奨しており、農村や都市低所得層だけでなく、大学教授などの知識層や党中央幹部の家族にまで浸透した。

しかし、この法輪功学習者は九〇年代末には当時の共産党員を超える七千万人に膨らみ、退職者や低所得者層という社会に不満をもちやすい階層の連帯をつくる可能性が出てきた。これは中国共産党の目に脅威と映った。そこで一九九九年四月、当局の指示で天津師範大学の出版物に法輪功批判の文章を発表した。これに天津市の法輪功学習者が集団で訂正を求めようとしたところ、警察に鎮圧され四十五人が拘束された。この拘束者の解放を求めて、四月二十五日、一万人前後の法輪功学習者が中南海近くの陳情局に押しかけ、その行列が中南海をぐるりと取り囲んだ。当時の国家主席・江沢民はこの組織力を見せつけられ、非常に怯えたという。結局このときは、拘束者は解放され、陳情者は解散したが、この後の七月二十二日、法輪功の全面禁止が発表され、「邪教」として徹底弾圧が開始された。

この激しい弾圧によって法輪功は、過激な反中国共産党組織に変質し、海外に逃げたり地下にもぐったりしたメンバーは一九九六年に米国に移住した創始者・李洪志を中心として団結、学習者を増やし、今も一億人以上のメンバーが潤沢な資金を使って各地で反中国共産党キャンペーンを活発に行っている、という。

民主化活動家や人権活動家、少数民族独立派が、この金も人材も豊富な法輪功組織と共闘することに中国は最も神経を尖らしており、マギーはまさに、虎の尾を踏んだわけだ。

監禁と尋問は、日によって波があった。罵声と恫喝で揺さぶったかと思うと、和やかな世間話を持ちかけられることもあった。中年の女性監視員が、「あなたはお母さんを早くに亡くしたのね」と、マギーが口にしてもいない生い立ちに同情心を示すこともあった。食事はまずくはないものが、きちんと三回提供された。一日目に「睡眠の剝奪は拷問の一種だ」と主張したために午前零時前には就寝を許された。要求すれば風呂を使うことも、下着を洗うことも許可された。しかし、二十四時間、誰かが側にいた。用便のときも女性監視員がトイレの中までついて来た。おかげで激しい便秘になった。背もたれのないベッドに座って尋問を受けているときは、手をあげて許可を得なければ、身じろぎもできなかった。心の中で、このまま私はこの世から消されるかもしれない、という恐怖と、ひょっとすると天安門事件記念日の六月四日が過ぎれば釈放されるかもしれないという淡い期待が交互に頭をもたげた。

六月三日、マギーは一九八九年の天安門事件の犠牲者を哀悼するために絶食したい、だから食事を用意しなくていい、と監視員に伝えた。人権活動家や民主化活動家らは、天安門事件の悲劇を忘れないために、しばしばこういう形で祈る。

マギーは三日午後から食事をせず、目をつぶって座ったまま祈った。頭の中に幾つもの墓を思い浮かべ、ひとつひとつ献花していく。民主と人権を掲げたことによって何人もの中国人がこの秦城監獄に押し込められ、苦しんだのだと思う。この地での天安門事件犠牲者の追悼はより意味のあるものだと感じた。

その夜、赤い服の女性尋問員がやって来た。「あなた何やっているの?」と尋ねた。

マギーはそれまで、尋問に対して基本的に無視していた。せいぜい売り言葉に買い言葉で刃向うぐらいだった。しかし、絶食と祈りを行うことで、逆に頭も心もさえざえとしてきた。

今、ここで、きちんと自分の思いを相手に伝えなければならない。そもそも、安全部幹部と直接対話したいと言い出したのはマギーだったのだ。ちゃんと交流しなければならない。

彼女は、この夜から、中国政府は人権活動家とどう向き合うべきかを語りはじめた。愛国とは何か。人権とは何か。労働教養所をどう思うか……。彼女は人権活動家についてこう主張した。

「国と国が激しい戦争を行っている最中でも、赤十字の人間は敵味方を問わずに助け、双方の兵士も赤十字を攻撃しない。あなた方が今投獄している胡佳は徹底した人道主義者で、いわば赤十字みたいな存在です……」

彼女の仕掛けてきた論戦に、尋問員の方が切れることもあった。

九日の夜、マギーはお腹が痛かった。痛むお腹を押さえながら、激しく持論を主張するマギーに、女性尋問員は、「お腹をさするな!」と声を荒げ、マギーが目の前に置かれているコップの水を飲もうとすると、「許可なく水を飲むな!」と恫喝した。

十日は幹部と思われる例の白シャツの背の高い男性が尋問を行った。彼はマギーとのやり取りの中で人権についてこう語った。

「中国政府は人権を尊重している。少なくとも改善しようとずっと努力してきた。私も労働教養所制度は廃止されるべきだと思う。胡佳や高智晟が問われた政権転覆扇動罪という罪状も、数年後には改正されるのではないか」

「しかし、中国は本当に君たち人権活動家が言うように、変えたほうがいい専制国家なのか?袁世凱政府のように? 中国共産党は長年、農民に土地を与え、食わしてきたじゃないか。みんなの生活は良くなっていないか? 共産党がそんなに良い党でないというなら、党は自分で自分を改革できるさ、時代の要求に応じてね」

「君が北京五輪反対と街中で叫ぶのを政府はだめだとは言わない。だが、人民はこれに同調しないね。それはみんなでシンフォニーを奏でようとしているところで、一人で二胡を弾こうとするようなものだろう。これは和諧社会に反するだろう」

オーウェル『1984年』の世界

果てしなく続くように思われた監禁と尋問は突然終わった。六月十六日朝、目が覚めると、マギーを監視していた女性監視員が、「あなた、寝言を言っていたわよ。それから革命歌を歌っていた」と告げた。マギーは「何の革命歌？」と聞くと、女性監視員は「それはあなたのプライバシーを守るために秘密」と言った。

「自分の見た夢すら、国家に監視され、自分のプライバシーも国家に守ってもらうなんて。オーウェルの小説『1984年』は今の中国を予言していたのね」

ジョージ・オーウェルの代表作『1984年』は中国語訳が出版されている。中国で最初に翻訳されたのは、一九七九年でいわゆる外文出版局による五千部のみの内部発行だった。訳者は中国を代表する英文学者であり翻訳者の董楽山（一九二四―一九九九）。この翻訳本は八五年に広東省の花城出版から反ユートピア三部作の一部としてやはり内部発行形式で書籍化され、広東省地区優秀翻訳賞にも輝いた。

二十一世紀に入ってから徐々に公開出版され、二〇〇〇年から二〇〇二年にかけて董楽山版以外にも訳本が出たが、やはり董楽山版が一番の名訳だとして二〇〇三年に『動物農場』と合わせて上海訳文出版から書籍化された。二〇〇六年に『1984年』単行本が刊行されて以降はタブー視されていない。董楽山は同書が反共産主義小説ではなく、オーウェル自身がまず社会主義者であった主張しており、そういう意味では中国においてタブー視されるものではない、という理屈だ。しかし、安全部のこの言い草は、小説の中の思想警察そのものだった。

マギーは乾いた声で笑った。

その日、彼女は釈放された。

再び、黒布を頭にかぶせられ、車に乗せられた。

「着いたよ」と知らされ、覆面をとって降ろされたのは、地下鉄雍和宮駅の前だった。

マギーは茫然として、十八日ぶりの太陽を見上げた。頭がくらくらした。「太陽に目はなれたかい？」と監視員が車の中から尋ねた。「大丈夫」と答えると、マギーは歩き出した。

そして、近くの売店でヨーグルトを買うと、緑地帯に設置してあるベンチに座って、ゆっくり食べ始めた。自由の味がした。


マギーは、私の前の椅子に座って、こんなふうに自分の体験を話し続けた。そして、最後に言った。

「外に出てすぐ、友達や家族に電話したの。そしたら、呑気に、あら久しぶり、最近どうしてる？　なんて言うじゃない。彼らは私が拉致されたことなんて、ぜんぜん気づきもしていないし、想像もしていなかった。

自分が前に住んでいた家に行くと、家財道具は一切なくなっていて、自分の住んでいた痕跡がなくなっているの。あのまま永遠に監禁されていても、誰も気づかず、忘れ去られてしまうかもしれないな、と思うと改めて怖くなったわ」

話し終わったときを見計らったように、マギーの携帯電話が鳴った。それは安全部の赤い服の女性尋問員からの電話だった。やっぱり私たちは監視されているのだ。あれから、安全部はしばしばしば電話をかけてきて、もう一度対話をしよう」と誘ってくるという。

「さすがに、一人で彼らと論戦するのはこりごり。あの十八日間で五キロ痩せたのよ。正直、今は一人で出歩くのも怖いわ」

彼女は米国籍の友人が運営するNGO事務所にいるのも、ここなら安全部も簡単に踏み込んでこないだろう、という思いからだった。

それでも、という。安全部と激しい論戦をした安全部内部でも、中国が民主主義の方向に変わっていかざるを得ないという認識があったことに、希望を見出した、という。

「私の活動の力の源泉は『愛』だと思う。人の良心を信じ、話し合いを続けていけば、世の中は変わっていくと思うわ」

なるほど。それが、彼女の強さだというのならやはり私が知る男性の人権活動家や民主化活動家とは、強さの質が違うように感じる。

彼女は別れ際に、部屋にあったデスクトップ型パソコンから幾つかの文書をコピーしてくれた。監禁された十八日間にあったこと、考えたことを克明に記録した文書で、いましがた語った話をまとめたものだった。

「その文書は新聞で発表してもいいわ。好きに引用していいから」

結局、五輪開催の最中に、彼女の安全部から受けた仕打ちを詳細に新聞紙上で紹介することはかなわなかった。一つには、いくら本人が覚悟の上でも、文書を公開することで、彼女が再び安全部に拘束されてはまずいだろう、という理由からだった。

二〇〇九年から、彼女は中国を離れてカナダ・オタワで暮らしている。ひとまず身の安全が保障されている状況なので、改めて、彼女の監禁録をひも解いている。

長い文章の合間にこんなことが書いてあった。

「私は自分を経験豊富な人間だと思う。留学もしたし、いろんな人に出会ったし、世界中を旅をしてきたし、何度も恋愛した。その上、安全部に監禁されて尋問までされてしまった！　ハハハハ！」

二〇一一年に入って、彼女にひさしぶりに国際電話をかけたとき、受話器の向こうにかすかに赤ん坊の声が聞こえた。

「赤ん坊の声しない？」ときくと、

「あ、私、子供産んだのよ。今一歳半よ」

照れたように、ちょっと早口でマギーは言った。

「二〇〇九年に出国を決意したのは、妊娠に気づいたからなの。赤ん坊の命を守らなきゃいけないと思って」

「あなた、結婚していたの？」ときくと「たぶん、もうすぐするわ！」と明快に答えた。

電話を切ったあとしばらく呆然として彼女の人生を思う。中国の人権擁護活動に全身全霊をささげ、安全部の厳しい尋問にも耐えた強いマギーは実は、愛情深く恋愛経験も豊富で、今はママになっているなんて……かっこよすぎる。

「私は民族主義者」と漢語で語る チベット民族主義者――ツェリン・オーセル

ツェリン・オーセルというチベット族女流作家に直接会わねば、と思ったのは二〇〇八年三月に、ラサから発生しチベット地域全土に拡大した騒乱事件の最中だった。大阪在住の中国人女性翻訳家で友人の劉燕子《リウイエンツ》が、オーセルのインターネット・ブログ「看不見的西蔵」（http://woeser.middle-way.net/）を教えてくれた。そこには新聞には決して載らないような事件の生々しい現地情報が発信され続けていた。

「チベット騒乱」の真相は

中国では「3・14打ち壊し略奪焼き討ち事件」、日本のメディアでは「チベット騒乱」と報じられたこの事件は、語り始めればそれだけで一冊の本ができるほど、複雑で込み入った背景があり、なおかつ真相が未だにはっきりしていない。中国政府の公式発表とチベット亡命政府が現地のチベット族から得てまとめた情報とは大きな食い違いがある。

中国政府の発表では、これは〝ダライ・ラマ一派〟がチベット分裂を狙って起こした動乱で政治的陰謀、ということになっている。北京五輪で国際社会の注目が集まりやすいことを利用して、独立急進派のチベット青年会議が欧米の支援団体の協力を得て、事前に工作員をラサに潜入させ動乱を画策した、という。

一方、チベット亡命政府は、最初は僧侶による平和的デモから始まったが、中国の武装警察（解放軍下部組織）に暴力的に阻止されたことで、それが暴動に発展したという見方だ。最終的な死者の数、行方不明者の数は何人なのかも、分かっていない。中国側は二十三人だという一方、亡命政府は二百人以上ともいう。

だから事件発生当時も今も、私がかの地で何が起こったのか、はっきり自信をもって言えることはない。ただ、現地のチベット族の知人女性から、Skypeやgmailで伝えられた断片的な情報から分かることは、中国政府の発表よりチベット族の死者も行方不明者も多いであろうということ。事件の背景には長年にわたる民族的対立感情、特にチベット族が受けてきた漢族社会からの文化的、精神的弾圧に対する民族の恨みがあり、その激しさは外国人の想像をはるかに超える、ということだった。事実上の戒厳令のラサの夜、武装警察が一軒一軒家をしらみつぶしにまわり、デモに参加した容疑者としてチベット青年を狩り出す恐ろしさと不条理を、ネットを通じてラサから必死に訴えていたチベット族の知人女性の言葉を私は嘘だとは思えず、彼女の言葉を裏付けるような、チベット族の立場からの情報を探した。

だが、情報量は新華社と中国中央テレビから流れる中国側の公式報道が圧倒的に多い。そこではチベット族は恐ろしい暴漢で、何の罪もない漢族の少女を焼き殺した、といった漢族の反チベット感情に訴える情報ばかりが流れていた。中国政府は外国人記者にかの地での自由な取材を認めておらず、その公式報道を一方的に受け取るわけにはいかない。中国報道機関が、しばしば政治的目的で正しくない情報を流すことは約六年の取材経験で分かっていたので、なおさら中国発表だけを頼りに報道することに不安を感じていた。

そういうときに、オーセルのブログを知った[illegible]た。彼女がブログで発信している情報は、恐らく現地の僧侶やチベット族住民からの口コミだろう。それももちろん、裏の取りようのない情報ともいえる。だが、量が膨大で詳細だった。拘束された僧侶、行方不明者ら関係者の名前、年齢まであげて、何月何日、どこでどんな事態がどんな風に起きたかを書いている。ひとつひとつが「噂」レベルの口コミ情報であれ、膨大な量の噂が寄せ集まれば、それはそれで一つの事実を浮き彫りにしているのではないか、と感じた。そ[illegible]か、ツェリン・オーセルという、著名な民族派作家の名の下に集まり、彼女が責任をもって発信しているのだ。

彼女とは最初、電話で連絡をとった。口調は穏やかだが、芯のある強い声だった。自分が劉燕子の友人であることを告げ、会いたいというと、「今は公安に監視されているの。会うのは、ちょっと。なにより、今は誰かと会って話をする気分ではないの。この事件で胸が押しつぶされそう」と言った。

「世界中の人があなたのブログを見ている。大[illegible]な情報を発信していると思うから、今はそちらの方を頑張って。あなたのブログの内容は私のブログや新聞に引用してもいいの？」と聞くと、

「ええ、ぜひ紹介してください。日本の人にもっとこの事件を知ってほしい。質問があれば、Skype で聞いて。電話口で話すよりいいでしょう」と答えてくれた。

最初の会話はこんな感じの短いやりとりだった。電話は盗聴されているが、比較的新しいインターネットツールの Skype はそのころ盗聴不可能だと言われていた。後に Skype も盗聴可能であることが判明するのだが、電話で話すのは筒抜けと同じだった。

結局、彼女のブログで発信しているような情報は、新聞紙上では取り上げられず、私のブログで翻訳紹介するにとどまったが、意味はあったと思う。

傷つけられたチベット族としての心

ようやく実際に会えたのは、二〇〇八年四月になってからだった。彼女の自宅近くの茶館で会った。写真で顔を知っていたが、実物は写真よりもずっとエキゾチックな美形で気品があった。指輪や腕輪はじめチベット的な装飾品がとても似合っていた。もっともそれは、仏の加護を授けるお守りの意味の方が彼女にとっては大きい。ネックレスを指して「きれいね」と私が言うと、「これは梵字で、身につけていると邪悪が寄りつかないのよ」と、専門用語で解説してくれるが、もともと仏教的教養の浅い私は、きっちり聞き取れないまま、彼女の信仰の深さに感心していた。オーセルは敬虔なチベット仏教徒で、ダライ・ラマ十四世を崇拝していた。ダライ・ラマ十四世のことを語るときは、目がきらきらした。そして三月十四日のラサ騒乱が、「ダライ・ラマ一派の陰謀」とする中国政府の見解について、美しい顔を引きつらせて、「完全な濡れ衣。陰謀を企てたのは中国共産党の方よ」と憤った。彼女は、自分で「私は民族主義者なのよ」と言った。「でも、自分の民族について理解したのは大人になってからなの。チベット語は書けない。漢族の言葉で語るからこそ、一層過激な民族主義者になったのかもね」

彼女があまりに魅力的だったから、私はますますチベット問題に興味を持ったのかもしれない。以降、何度か彼女に会いに行った。チベットがらみの記事を書くときは、彼女の意見も参考にした。中国語でチベット族の立場をはっきりと言える専門家は北京にはそうそういない。夫の王力《ワンリー》雄《ション》を交えて食事をするのは、知的刺激を得られ[illegible]さらに楽しかった。夫婦はときどき目配せし、微笑みあい、尊敬と信頼のサインをしきりに送[illegible]合った。王力雄は漢族の作家だが、文化大革命時、父親がソ連修正主義のスパイとして投獄さ[illegible]獄中で「自殺」した経験を持つ。自由と民主を愛し、自然を尊び、少数民族の尊厳を理解し、かつ優れた表現力を備えた稀有な漢族作家だった。彼の著作は発禁のものも多いが、ファンは[illegible]内外を問わず多い。物静かにゆっくりと語り、大学教授、あるいは哲学者のような風格があっ[illegible]

北京市通州区の夫婦のアパートを訪れたこと[illegible]あった。その時は、王力雄は米国に出張中で、オーセルが一人で相手をしてくれた。午後の日[illegible]しが差し込む書斎は、チベットのお香が爽やかに香り、調度もチベット風で、ダライ・ラマ十[illegible]世の写真が飾ってある。車の排ガスで年がら年中、空がくすんでみえる北京で、彼女の部屋の[illegible]たけはチベット高原の浄化された空気がただよっていた。濃いお茶を入れ、チベットのヤク牛[illegible]ミルクでつくった駄菓子をつまみながら雑談した。部屋を見れば、彼女が如何にチベット族で[illegible]ることを誇りに思い、その文化を愛し、宗教を重んじているか一目瞭然だった。しかし、その北京には、彼女自身がチベット族としてのアイデンティティをことさら意識し強調しなければな[illegible]ない事情があることも徐々に分かってきた。

オーセルは生粋のチベット族ではない。四分[illegible]一漢族の血が入ったクォーターだった。ラサ語は話せるが、チベット文字は読むのも書くの[illegible]苦手だ。彼女は幾つもの著作があるが全部、中国語（漢語）で書いていた。なぜなら「父は人民解放軍のエリート士官。共産党軍幹部の娘としてずっと教育を受けてきたからなの」。

本当なら、彼女は共産党体制の中で良い仕事[illegible]地位を手に入れ、恵まれた文才で堂々と成功者となることのできる立場だったのだ。なのに、今は事あるごとに監視がつき、軟禁状態に置かれたり、得体の知れないハッカーにパソコンを荒されたり、パスポートも取得できない状況に身を置いている。どうしてなのか。

それはオーセルの著作の最初の代表作と言える『殺劫《シャージェ》』という本が誕生したいきさつとも関わりがある。同書は日本で集広舎という出版社から翻訳出版されている。「殺劫」とは中日辞典には載っていない言葉だが、明代の古典物語「封神演義」の中では、千五百年ごとにめぐってくる殺人衝動の意として使われている。仏教用語では「劫」は長い時間の意もあり、長期間の殺戮の意ともとれる。

ところがこれには別の意味も隠されている。中国語のシャージェという発音をチベット語に置き換えると、革命（サルジェ）の意になる。「人類殺劫」の中国語発音レンレイシャージェは、チベット語のリンネーサルジェ（文化大革命）の発音と同じなのだ。つまり「殺劫」はチベットにおける文革、つまり人類殺劫の記録の書だ。当時、人民解放軍エリート士官だったオーセルの父、ツェリン・ドルジェが撮影した文革当時の貴重な写真と、その写真をもとに、オーセルが緻密な取材とインタビューを重ねて、それまでほとんど知られていなかった文革時代のチベットの姿を浮き彫りにした渾身のルポルタージュだった。この本が軍幹部の娘として安定した暮らしを約束されていた彼女の人生を大きく変えることになったのだ。

オーセルは私より一つ年上の一九六六年七月生まれ。文革の始まった年にラサで生まれた。ツェリン・オーセルというのはチベット語で「恒久の光」という意味だが、彼女には中国名もある。

程文薩《チョンウエンサ》。程は漢族の祖父の姓。文薩は文革のラサ（拉薩）という意味だ。彼女の複雑な生い立ちは祖父母の代から始まる。

「おじいさんは国民党軍の逃亡兵だったのよ」

二〇〇八年暮れに、オーセル、王力雄夫妻と都内の四川料理レストランで一緒に食事をしたとき、彼女はとっておきの秘密を教えるいたずらっ子のような表情で、「逃亡兵」と言った。軍から逃亡し最終的に仏門に入った祖父を誇りに思っていることが分かった。

私はオーセルの生い立ちを聞いた。彼女は自分のエッセイやブログでも、家族のことにふれている。それを総合して紹介してみると、次のようになる。

毛沢東バッジをつけた赤ん坊時代

オーセルの父方の祖父は四川省重慶市江津県の生まれで、四川の政治結社・哥老会《ゴーラオホイ》のメンバー袍哥《パオゴー》だったこともある。中国の元帥・劉伯承が若きころに率いた国民党軍の部隊の中佐副官であったが、一九三三年、部隊からチベット・カムのデルゲ（四川省徳格）に逃亡してきた。そこで、カムの美しい十六歳の娘と出会い、結婚した。どんなロマンスがあったのかは分からない。二人はその地で三男三女をもうけ、祖父は物売りをしたり教師をしたりして生活を支え、県の財政課長なども務めた。しかし妻が他界してからはすべての財産を寺院に寄進して、敬虔なチベット仏教徒として穏やかな余生を送ったという。

オーセルが言うには「祖父は逃亡前は、重慶市に家庭があり、漢族の妻と二人の娘がいたそうよ。祖父は一九五二年に一度重慶の最初の妻のところへ祖母を連れて帰った。でも、またカムの地に帰って来た。それはたぶん、祖母が男の子を産んでいたので、祖父は祖母の方を大事にしたのだと思う」。

その男の子こそ、オーセルの父、ツェリン・ドルジェだった。長男だったツェリン・ドルジェは、祖父の「これからは共産党の時代だ！」という教えに従い、十三歳のとき、人民解放軍の少年兵となった。それは一九五〇年、毛沢東が「チベット同胞を帝国主義の圧政から解放する」という建前でチベット侵攻を開始した年だった。人民解放軍は道すがら、通訳と道案内ができる数百人におよぶチベット兵を招集する。その多くが、ツェリン・ドルジェのようなカムの若者だった。カム地域の人をチベット語でカムパと呼ぶが、それは勇猛果敢な若者の代名詞でもあった。このころ少なからぬ若いカムパたちは、共産主義が民族自決を掲げる理想の共和社会を約束してくれると信じて疑わなかった。彼ら若きチベット族コミュニストの案内と助けがなければ、解放軍が五千メートル以上の峻厳な山々が連なるチベット地域の行軍を経て、ラサを陥落させることなどかなわなかっただろう。

十三歳のツェリン・ドルジェは、生まれ育ったデルゲから解放軍の大行進について旅立った。父親が漢族であったことから、チベット語と漢語（中国語）の両方を流暢に話し、書くことができた。そういう人材は希少で重用され、とんとん拍子に出世していったという。後に党の援助を受けて四川省成都の西南民族学院に進学、エリートコースに乗った。一九五六年にはチベット軍区選抜の唯一のチベット族士官として北京の建国記念式典に出席した。毛沢東、朱徳、周恩来、劉少奇と直接会ったエリート中のエリートである。

一九六五年、ツェリン・ドルジェは、チベット第二の都市・シガツェ出身の旧貴族の娘と結婚する。オーセルの母である。

「お母さんはものすごい美人だったのよ」とオーセルはいつも言っていた。その写真は彼女のブログにも公開されているが、確かにエキゾチックな彫りの深い顔に高貴な風格を漂わせた美女だった。オーセルによれば、ツェリン・ドルジェが妻を見初めたのは彼女がラサの幹部養成学校に在籍していた頃という。

オーセルの母親の父親、つまり母方の祖父は、反毛沢東、反中共の旧チベット政府の閣僚兼チャムド（チベット自治区東部）総督であったラルの腹心で、その命を受けて、タルツェド（四川省康定）で商売をしながら、情報収集活動を行ってきたという。そういう人物の娘が、解放軍のエリート士官と結婚するのも数奇な巡り合わせかもしれない。

もっともラルも、一九五九年に共産党軍と戦った反乱軍の副司令官ではあったが、一九六五年に釈放されたのち、文革終了後は鄧小平氏の福利政策という名の懐柔策で、チベット自治区政治協商会議副主席にまでなっている。一九八〇年ごろの鄧小平は、宗教的理由や大地主、貴族として迫害を受けたチベット族の名誉回復、地位向上などを積極的に行うことで、チベット族を懐柔しようとしていたのだ。

旧貴族のお姫様であったオーセルの母親は「思想上の重荷を背負っていた」という。中国共産党チベット幹部養成の学校に通い、その後は、北京の中央政法幹部学校に進学した。二人が結婚した翌年の七月、オーセルが生まれた。文革の嵐がラサにも吹き荒れようとしていた。

オーセルはいう。

「娘の目からみても父は模範的な共産党幹部だった。毛沢東思想を誰よりもよく理解し、毛沢東への忠誠も強かった。しかし、父の心の中にはチベット仏教への強い信仰もあった。ダライ・ラマを尊敬していた。大きくなるにつれ、父の葛藤が分かるようになってきたわ」

オーセルの赤ん坊のころの写真は、胸元に毛沢東バッジがつけられ、家の門のところには毛沢東に忠誠を誓う「忠」の字が彫られている。しかし、文革でチベット仏教寺院が破壊され、僧侶が迫害されるのを見続けることは、ツェリン・ドルジェのチベット族としての心を深く傷つけただろう。

ツェリン・ドルジェは軍のエリート士官で、文革のラサの様子を大量に写真に撮り続けた。彼が被写体に至近距離で堂々とカメラを向けられたのは、それが任務の一環だったからだ。その高価なカメラは恐らく軍の備品であり、ネガも本来なら軍の機密資料に属するはずだった。オーセルは子供心に、家で無心に写真のネガ整理をする父の姿を覚えているという。そのネガに写っているものが三角帽をかぶって吊しあげられるチベット族の僧侶や地主たち、あるいは「毛沢東語録」の赤い手帳を振りかざすチベット族紅衛兵であったとは、その頃は想像もしなかったけれど。

恐らく静かに黙ってネガを整理しながら、ツェリン・ドルジェは自分のアイデンティティと向き合わざるを得なくなった。漢族とチベット族の血を受け、二つの言語を操り、共産党幹部でありながらチベット仏教と文化に強い愛着を感じている自分の内側にある葛藤を見つめざるを得なくなってきたのではないだろうか。これはもう想像するしかない。

そういう背景があったせいなのかは分からないが、一九七〇年、父・ツェリン・ドルジェは軍内部のトラブルがもとでラサを離れざるをえなくなり、一家はラサから遠く離れたカムのタウに移住する。

ツェリン・ドルジェはタウで人民武装部副部長の任に就いた。母親は思想的に問題があるとして要職にはつけず、新華社書店で本を売っていた。オーセルは母の職場で本をいくらでも読むことができたという。このときの本といえば革命書籍ばかりだった。オーセルは当たり前のように革命思想に学び、小学校低学年のころは「毛沢東思想宣伝隊」の小さな女優でもあった。母親似の美少女だったのだ。

「踏み絵」を踏まず

一家が再びラサに帰ってきたのは一九九〇年。ツェリン・ドルジェはこのときラサ軍区副司令官だった。九一年、父は突然、高血圧の病に倒れて他界した。オーセルはこのとき、父の遺品として大量のネガを受け取った。破壊される寺院や仏像。三角帽をかぶせられ、市街を引きずりまわされる僧侶……。いくら軍幹部といえども、文革中にこのような写真を私的に撮影し、所持していたことがばれれば危険だ。

同時に、オーセルにとっては、大切な父の遺品だ。捨てることなどできない。二つの民族・文化の間にあって危険を冒しながら撮影した写真に込められた思いがあった。

オーセルは、父と同じ西南民族学院で中国語文学を専攻し、卒業後は地方紙「甘孜《ガンゼ》州報」の記者をへて、一九九〇年にはラサの「西蔵文学」誌の編集者となっていた。共産党軍幹部の子女として申し分ない学歴と職場だ。しかし、父の写真を受け継いでから、彼女の書くものは、しばしばチベット文化やチベット仏教への尊重、ダライ・ラマへの敬慕がにじむ、と指摘されるようになってきた。やがてそれが職を失う原因となるのである。

オーセルはしばらく、父から譲り受けたネガをどうすべきか悩んでいたが、漢族作家の王力雄に託すことに決めた。きっかけは彼が書いた『天葬―チベットの運命』（一九九八年・香港の明鏡出版刊）を読んだことだった。「この人は漢族だけれど、チベットに対する理解はとても深い」と感動したという。王力雄は一九九一年に政治予言小説として物議をかもした『黄禍』を書き、すでに禁書作家扱いになっていたが、オーセルは「勇気と才能のある人だ」と直感したという。一九九九年暮れ、まだ会ったこともないチベット族女性から、いきなり国家機密級の数百枚にわたるネガが送られてきた驚きについて、王力雄自身が、二〇〇六年に『殺劫』が台湾で出版されたときの序文に書いている。

添えられていたオーセルの手紙には、「このネガは一九九一年に亡くなった父親が文化大革命期のチベットを撮影したものです。非常に重要なものだとは分かりますが、どのように使えばよいのか考えつきません。あなたには一度もお会いしたことはありませんが、チベットについて書かれたものを読み、このネガを有効にお使いいただけると信じ、寄贈いたします」と書かれていた。

王力雄はすぐ、手袋をして明りの下でネガを確認し、それが極めて貴重なものだと判断した。そしてネガを送り返す包みに添えた返事の手紙にこう書いたという。

「私はあなたの手助けはできるが、これらの写真を歴史の証人とする作業は私のような漢人の役目ではなく、あなた自身が担わなければならない」

この話をするとき王力雄は、ちょっとはにかんだ表情になって「私は彼女（オーセル）に、この写真に写っている人たちを探し出して、話を聞き、チベットの文革を検証する。それがあなたの仕事だと言ったんだよ。それを成し遂げるために、私はいくらでも手伝うと」

その言葉に突き動かされて、オーセルは、取材を始めた。六年に亘って、およそ七十人の関係者にインタビューしてまわるという、それは気の遠くなるような困難な仕事になるとは、その時は思わなかった、と彼女は夫にちょっと目配せして笑っていた。

王力雄の「民族の歴史の証人としての責任を担わなければならない」という言葉は、オーセルの文筆活動に恐らく大きな影響を与えた。二〇〇三年にオーセルが広東省の花城出版社から出版した『西蔵筆記（チベットノート）』は、これまでになく民族意識が強く出ており、中共中央統一戦線部と中央宣伝部は「重大な政治的錯誤がある」として発禁処分とした。チベット文学聯合協会（文聯）は次のような見解をまとめた。

「『西蔵筆記』は宗教の社会生活における積極的な役割を誇張し、美化し、一部の文章ではダライ・ラマへの崇拝と敬慕が表現され、ひいては狭隘《きょうあい》な民族主義や、国家統一と民族団結に不利な認識を表明した文章でさえある」

「不確かな噂話で旧チベットへのノスタルジーに耽溺《たんでき》している。従って、価値判断を誤り、政治原則から乖離《かいり》し、一人の作家として担うべき社会的責任と先進的文化を建設する責任を放棄した」

その後、オーセルは連日、精神的拷問ともいえる思想教育を受け、自己批判を迫られ、さらには踏み絵として青海省とチベットを結ぶ青蔵鉄道を美化する文章を書くことを迫られた。しかし、彼女の目には青蔵鉄道は漢族の文化と資本を一気に大量にチベット地域に送り込み、チベット文化を破壊するものとしか思えなかった。どうしても同意できず、これまでの共産党員としての安定した身分を捨てラサを離れる決意をするのだった。その決意をしたためた文聯宛ての手紙にはこう書いてある。

「(前略)私にはこのような踏み絵を踏むことはできません。踏みたいとも思いません。この踏み絵は作家としての天職と良心に背くものです。たとえラサに残り、受けたくない『教育』を受けても、何の結果も出ません。みなさんに必要のない迷惑をおかけしますし、文聯も上級機関に報告できません。ですから、私はしばらくラサを離れ、他の土地で最後の行政処分を待つことが最善だと考えました。私は自分が決めたこと一切に責任を負う所存です」

そして、辞職した。今に至るまで、思想上に過ちがあるとして当局のブラックリストにのり、パスポートを申請しても許可がおりず、何かあるたびに軟禁状態におかれるようになったのだ。

オーセルは『殺劫』を書き上げた二〇〇五年、作家として自分を導き、支えになってくれた王力雄と結婚した。このいきさつを思うと、チベット族作家ツェリン・オーセルを見出し育て上げたのは漢族作家の王力雄で、『殺劫』という作品は、チベット族と漢族の血から生まれたツェリン・ドルジェとその娘のオーセル、漢族の王力雄の共同作品ではないかと思う。民族の違いを超えて、あるいはその狭間にあって、宗教と文化、自由と民主について取材し思索し悩み、アイデンティティを探り、最後には人類共通の価値観を浮き彫りにした貴重な試みであり、答えではないかと思う。

チベット族が文革で受けた苦しみは、実はチベット族以外の民族、漢族もなめた辛酸だ、とオーセルは言う。伝統と宗教・文化の破壊も、凄まじい飢餓も不条理な迫害も漢族もウイグル族も経験している。オーセルはチベット族としてのアイデンティティをことさら大事にし、民族主義者を標榜しているが、漢族の血を体の中に持ち、漢族の夫を持つことで、狭隘《きょうあい》な民族主義者と違う、普遍的な価値観を見出しているように思う。

他者を受け入れ、自分の血肉とあわせて新たな命を生み出すのは、古今東西、女の性だ。それは生物学的な出産だけではなく、文化や思想や価値観にもいえるのだろう、とオーセルの話を聞いていて思う。新しい命を生み出すときは、壮絶な痛み、時に流血を伴うが、女は生まれながらに痛みと流血に耐性がある。

彼女はいずれ自伝を書きたい、と話していた。それが今から楽しみだ。

人間は誰もが、ちょっとは障害を持っているのよ——胡[illegible]

北京という大都市でも、物乞いは多く、その物乞いの多くが幼い子供や赤ん坊、ときには障害児を連れていた。二〇〇六年の夏、地下鉄建国門駅近くの地下道で「この子を医者にみせるお金がありません」との立て札を見せながら、大頭症の子供を抱いた女性にお金をせびられたことがある。一元札を渡して逃げるように去った。私はその大頭症の赤ん坊が彼女の本当の子供でないことを知っている。なぜなら、金宝街に近い通りで、別の女性がその赤ん坊を抱いて物乞いをしていたのを見たことがあるからだ。赤ん坊の少し斜視のうつろな目と、口から覗くいびつな乳歯

の形、黒ずんだ皮膚にカビのようにこびりついた髪の様子がまったく同じだったので印象に残っているのだ。恐らく、その赤ん坊は物乞いに貸し出される〝アイテム〟なのだ。物乞いの多くは、組織化され、地元の黒社会とつながっていると言われる。その黒社会は、物乞いを「営業場所」に送り届けたり、警察やその他の妨害から守ったり、幼児や障害児を集めて、同情をひくアイテムとして、〝貸与〟したりする、という。もちろん、正式に調べたわけではない。ただ、現地の新聞でも、たまに、そういう物乞い組織や、障害児専門の人身売買組織の検挙が報じられた。

「物乞い組織」に囲まれる障害者たち

都会の物乞いについて、もう少し説明すると、二〇〇七年暮れごろ、私は北京市東部のセント・レジスホテル近くに夜ごとに現れる自称五歳の男児物乞いと少しだけ仲良くなって、雑談するようになった。彼はあまり話したがらなかったが、買ってやったハーゲンダッツのアイスクリームを食べている間だけ、私の質問に嫌そうに答えてくれた。おぼつかない彼の表現によれば「大勢の物乞いが、強制撤去予定になっている廃屋の中で、集団生活をしていて、〝老板《ラオバン》（ボス）〟が管理している」「〝瘸子《チュエズ》（足の不自由な人）〟や〝盲人《マンレン》（目の不自由な人）〟もたくさんいる」ということだった。「ふるさとはどこ？」と聞くと、「河南《ハーナン》」と答えたが、彼の言葉は河南なまりというよりは山東なまりに近かった。彼はこの若さで、他人に嘘をつく用心深さを身につけていた。

彼は血のつながった〝おじさん〟に「家が貧しいから北京で稼いでくるように」と言い含められて、〝老板〟にあずけられたという。彼自身は、外国人の観光客にアイスクリームを買ってもらったりして、農村の貧しい暮らしより、楽しいようなことを言っていた。その子と話をしていると、〝母親〟役の物乞いは不安そうに、私たちの様子を窺っている。

一度こんな会話をした。「君たちの暮らしているところへ連れて行ってよ。老板も紹介して」と私がいうと、彼は「お金くれる？」という。

「うん、あげるよ」

「いくらくらい？」

「そうねぇ、百元じゃ、どう？」

「ええっ！　ほんと？」

「嬉しい？」

「うん。百元ももらったら、僕、老板にすごく褒められるよ」

「君にはアイスクリームも買ってあげるから、老板には、私のこと外国人といっちゃだめだよ。そうね、ふるさとからおばさんが会いに来た、ということにしよう」

「うん、うん……」

しかし、その後、彼とは再び会うことはなかった。北京五輪で、浮浪者の取り締まりが厳しくなったせいもあるが、恐らくあの子は、他人に嘘をつく用心深さはあっても、〝老板〟に嘘をつけるほどずるくはなかったのだろう。

しかし、彼との短い会話のなかで聞いた、建国門近くの物乞いは、〝老板〟と呼ばれる管理者が仕切っていること、そして障害者の物乞いもそういう組織に属している、という話は本当かもしれない。それは中国の新聞で報じられている「物乞い組織」の概要とだいたい一致していた。

もちろん、二〇〇八年の北京パラリンピックは、中国が金銀銅メダルあわせて二百十一というダントツのメダル獲得数を誇った。中国身体障害者連合会の主席、鄧小平の息子である鄧樸方《トンプーファン》は二〇〇三年、国連人権賞を受賞している。彼は文革時代に紅衛兵の取り調べ中、取調室の窓から転落、脊髄損傷で下半身不随となった。「千手観音《せんじゅかんのん》」といったパフォーマンスで世界的に有名になった中国障害者芸術団など、中国人障害者が国際的に活躍している例もある。二〇〇九年十月二十六日の新華社電によれば、この二十年の間に障害者の義務教育就学率は六%から十七%に上昇し、就職率は五〇%あまりから八〇%以上に上昇したという。就職率八〇%以上なら大卒者より就職率が高いくらいだ。

しかし、統計や建前と実情は違う。北京の街中で見かける、あるいは広州で見かける身体障害者の物乞いの多さを観察すれば、少なからぬ障害者は弱者として社会の底辺に沈殿しているように感じた。中国における障害者を取り巻く環境について、私の印象は、非常に悪かった。

だから、二〇一〇年四月十五日の午後、胡蓉《フーロン》が曲がった足を引きずりながら、一人で狭く急な階段を上って待ち合わせの喫茶店に現れて、「はじめまして！」と明るく笑ったのには、軽い衝撃を受けたのだった。

先天性の下肢障害を持って生まれた……

胡蓉は一九七一年生まれの、恐らく中国初の女流少年漫画家である。

私は彼女のことは日本と中国の新聞記事で知っていた。彼女は日本の女流漫画家の大御所の一人、佐伯かよののアシスタントを経験しながら日本流のストーリー漫画を学んだ。彼女が日本でのデビュー単行本『ZERO　CITY』を上梓したときは、一部日本のメディアもインタビュー記事を組んだ。

だが、それらの記事には彼女が足に先天性の障害を持っていることは、あまり詳しくは触れていなかった。メディアが彼女を取り上げるときは、あくまでも中国漫画のパイオニア、あるいは日中漫画文化の懸け橋という切り口なのだ。それは障害に正面から触れることは、失礼だという意識もあるのだろう。

しかしその日の午後、北京市朝陽区の上島珈琲店で先に来て待っていた私は、胡蓉が、重そうな黒い鞄を下げ、体を振り子のようにゆすりながら、不自由な曲がった足を動かして階段を上って来た姿に、感動した。うまく言えないのだけれど、その姿は人を圧倒する力強さを放っていた。狭い急な階段のある喫茶店を、オフィスに近いから、と指定してきたのは彼女の方だった。この人は、自分の足が不自由であるから、階段のない店舗にしようとか、そういうことを一切考慮しないで、生活しているのだ。彼女は職業漫画家として活躍しているだけでなく、留学中に年下の日本人男性と恋愛し、結婚し、二児の母となっているが、人生の節目、節目で、自分の障害を人生の不利とも重荷とも思うことなく、欲しいものに向かって精一杯チャレンジしてそれらを勝ち取ってきた女性なのだろう。この人の行く道を誰も阻むことはできない。そう人に感じさせる輝きを生まれながらに持っている女性。

私は彼女が編集長となって中国で創刊する予定の漫画雑誌について聞くつもりだったのだけれど、彼女の人生が知りたくなった。障害者にとって決して整った環境ではないこの中国で、彼女がどうやって自分の望む未来を勝ち取ってきたのか。

「ダンナは、あなたは止まらない人間だっていつも呆れている」

目のぱっちりした愛くるしい顔立ちに、いたずらっぽい笑みが加わると一層、魅力的だった。

彼女は江蘇省如皐市生まれ。いまでこそグレート上海経済圏に加わる比較的発展した小都市といえるが、彼女の生まれた四十年前はふつうの田舎町だ。父親は上海人で、大学で農業を勉強したのち江蘇省に農業技術者として派遣され、中学校の美術教師の母親と出会い結婚した。

「母親は強い女性でね、教師の職だけでは飽き足らなくて、私が十七歳のとき、カーテン工場を起業したような人よ」

彼女は先天性の下肢障害を持って生まれた。五歳になってやっと立つことができ、七歳半になって、なんとか歩くことができた。しかし、当時の中国にはまだ障害者に対する厳然とした差別もあり、小学校、中学校、高校とも通うことはできなかった。

「姉と弟が学校に行っている間、母は、私に料理や編み物、刺繍といった家事や女性のたしなみを教え込んだの。そのとき母は、私が将来的に姉か弟に面倒をみてもらわなくてはならないだろうから、せめて姉や弟の伴侶や家族に邪険にされないように、嫌われないように、家事がきっちりでき、他人に気遣いのできる人間に育てなきゃ、と思っていたみたい」

当時の母親の常識としては、重い障害を持った娘が自立し、職業を持ち、結婚して自分の家庭を築くなど想像もできなかったはずだ。親が年老いたら、障害を持つ子は他人の情けにすがらねばならない、物乞いのように。

しかし、彼女は実は好奇心旺盛で、頭の回転が速く知的吸収力のある娘だった。教師の母親に読み書きを教わると自宅にあった小説を読み漁った。『聊斎志異』のような中国古典から『アンナ・カレーニナ』のようなロシア文学まで充実した蔵書だったという。「母親に気付かれないように、こっそり読んだの。九歳の頃には家にあった小説はだいたい読んでいた」

彼女の言語能力、表現能力は家庭の書斎で培われた。家の外の世界を知らない胡蓉にとって本の世界が外の世界だった。

「でも、中国の本にはイラストがない。それがつまらなくて。本を読んで自分の頭の中に広がる世界を、どうしても絵に描きたくてしかたがなかった。でも、絵を描きたくても紙がない。それで、父の吸っている煙草の包紙をこっそり拾って、その裏に絵を描いていた」

ある日、母親が私のベッドの下を勝手に掃除したら、煙草の包紙が何枚も出てきた。その裏にびっしり絵が描いてある。漆黒のビロードのハイカラーのドレスに身を包んだアンナ・カレーニナの絵だった。胡蓉が十二歳のときだった。母親はこのとき娘のただならぬ才能に気付き、すぐ絵具を買い与えた。その絵具で当時流行していた連環画を描き始めた。

連環画とは、二十世紀初頭、中国で生まれた庶民芸術で、挿絵を主とした物語絵本とも、中国式漫画の原型とも言われる。彼女の描く連環画は十二歳という年齢とは思えない巧みさで、母親がそれを父親の知り合いの無錫ラジオの記者に見せると、瞬く間に業界仲間を通じて無錫の地元紙に掲載されることになった。胡蓉は初めて、絵を描いて原稿料をもらった。十七歳のときにはプロの連環画家として、全国誌「連環画報」に連載するようになった。小学校も中学校も高校も行っていない彼女は、いきなり美術大学に行きたいと言った。

「父親は無理だと頭から反対。でも母親は『あなたならできる、私の娘だもの』と応援してくれた」

そして母親の予言どおり、彼女は約半年、必死で勉強し、北京の中央美術学院に進学。学費は両親に頼ったが、北京での生活費は、新聞に連環画を描いて稼いだ。

胡蓉が二十一歳のとき、「あなたならできる」と常に自分を励ましてくれた母親は交通事故で亡くなった。

「このときのことは日記に書いているわ。私をずっと信じて応援してくれた母に、こう誓っていた。私は漫画家になります、と。連環画家はいくらでもいる。私より実力のある人もたくさんいる。でも私はナンバーワンになりたい。パイオニアになりたい。漫画家としてなら、私は歴史に名を残せる、と」

日本で漫画の勉強を

卒業後、胡蓉は漫画家として活動を開始する。もともと絵を描くという技術的な部分はずば抜けていた。中国では早々に注目作家となっていた。しかし、それでは飽き足らない自分を感じていたころ、最初の転機が訪れる。

彼女の描いた漫画「倩女幽魂（チャイニーズゴーストストーリー）」が一九九六年の東アジアマンガサミット（現国際マンガサミット）で審査委員特別賞を受賞し、この受賞式参加などのために十日間、日本旅行に招待されたのだった。このとき、初めて日本に行き、日本の漫画のレベルの高さを肌で感じた。

「中国で漫画のパイオニアになるには、日本に行くしかない」

いったん決心したときの彼女の行動力は恐るべきものがある。日本の漫画家親睦会・マンガジャパンに、日本に漫画留学したいと相談をもちかけた。当時三百万円の収入・貯金があることが日本滞在ビザ発行の条件だったが、彼女は仕事上関係のある出版社をまわって半年かけて、自分の収入証明を準備した。

日本に行くと、マンガジャパンの紹介で女流漫画家の大御所、佐伯かよののアシスタントを務めながら、日本の漫画の現場を勉強することになった。一年は瞬く間に過ぎた。しかし、まだ修業が足りない。

「かといって、もう一年のビザ延長を佐伯先生に頼むのは心苦しかった。それにアシスタントするより、そろそろ自分の作品も描きたかった」

そこで自分でいきなり入国管理局に乗り込んで、事情を説明した。入管の説明では文化交流ビザは一年限りで延長できない。しかし芸術ビザというのがある。ただし、漫画家は芸術家に相当しない。イラストレーターなら芸術ビザが取れるという。

「おもしろいでしょう。漫画家は芸術家でなくてイラストレーターは芸術家。私はそのころ台湾でイラストレーターの仕事をしていたので、資料を取り纏めてイラストレーターとしてビザを申請した」

二年目の日本では、杉並区に自分でアパートを借りて、アシスタントではなく、自分の作品を描くことに集中しようと考えた。このとき、師匠だった佐伯かよのからは「あなたは足が悪いし、言葉もうまくないし、若い女の子だし、中国人だし、一人暮らしなんて無理」と反対された。

「私は何のために自分が日本に来たのか、短い日本滞在期間に何をしなくてはならないのか、というのをうまく日本語で説明できなかった。気持ちが焦燥し、そのまま佐伯先生のところを飛び出してしまった。中国人は恩知らずと思われたかもしれない……」

日本で漫画家として創作活動を始める上で、最初の壁は言葉の問題だった。講談社、集英社、小学館など漫画雑誌で有名な出版社にアポなしで飛び込み、自分の描いた漫画原稿を編集局に持ちこんだ。片言の日本語で「こんにちは、中国から来た漫画家です。これは私の作品です、見てください」と、訴えた。編集者はたいてい、彼女の度胸とガッツに圧倒され、取りあえずは作品を見てくれる。そしてだいたい同じような感想を言うのだった。

「絵はうまいね、日本の漫画家もなかなか描けないレベルだ。でも、日本語のセリフがねぇ。漫画は絵だけでなく、ネームが大事なんだ。君、ネーム書けるの？　その程度の言葉だと、編集者との打ち合わせも難しいし……」

しかし、いくつもの出版社を回っていると、的確なアドバイスをくれる編集者もいた。

「一番早くデビューするためには、日本人の原作者を探すのがいいね」

胡蓉は、この言葉に納得して、友人だった漫画家・黒川あづさに、原作者探しを相談した。そこで紹介されたのが、後に日本での単行本デビュー作『ＺＥＲＯ　ＣＩＴＹ』の原作を書いてくれた剣名舞だった。そのあとは二人して、出版社めぐりをした。まもなく、リイド社の雑誌で、原作者・剣名舞と組んで描いた短編を三回ほど掲載されるようになった。小さなイラストの仕事なども入り、なんとか自立した暮らしにめどが立ってきた。

「止めようとしても止められない人だ」

胡蓉が恋をしたのは、ちょうどそんなときだった。

彼女が東京で一番親しくしていた女友達は、中国語通訳の仕事をしている日本人だった。機会あらば胡蓉のところに泊まりに来ては、恋の話や悩みなどを打ち明けていた。胡蓉は恋愛にはほとんど関心がなかった。だが、ある日、せがまれるままに、女について、合コンにいくことになった。

彼女の同じ大学の卒業生という印刷会社の営業マンの男性と、話が盛り上がった。背がすらりと高いハンサムだった。

「私は二十八歳。彼はそのとき二十三歳の社会人一年生。私は、そのとき、これからデビューだ、と思っていて仕事のことしか頭になかった。盛り上がったのは日本語の練習ができるから、いっぱい話しただけ。でも、彼は一目惚れだったんだって。私、パワーに魅かれたと……」

毎晩のように彼から電話がかかってきて、その好意に気付かないわけにはいかなかった。

「最初は、電話がかかってくると、日本語の勉強ができる！　と思って、すごく嬉しかったのが、いつの間にか彼から電話が来ること自体が嬉しくなっていった……」

三回目に会ったとき、付き合うことになった。それから怒濤のような速さで胡蓉の生活が変わる。七カ月後には結婚していた。それから三カ月後には妊娠。同時に月刊少女漫画雑誌「ASU-KA」で初の連載が始まっていた。

「大きなお腹で締め切りまでに原稿を仕上げて、翌日に帝王切開で出産したのよ」

この結婚にまったく障害がなかったわけではない。夫の母親、つまり胡蓉にとっての姑は、当初この結婚に強硬に反対した。

「彼が、私を連れて実家に一緒に挨拶に行くと言うと、お義母《かあ》さんは『連れてこないで！』と怒ったわ。でも、私、こんなポジティブな性格でしょう。心配する夫に、大丈夫だから、絶対、お義母さんに気に入ってもらってみせるから、と言って、無理やり訪問したの。お義母さん、玄関で私をちらっと見たら一言も口を利かずに、台所にひっこんじゃった。だから、私も台所についていって、黙って食事の用意を手伝って、勝手に自己紹介して、どうやって出会ったか、話しはじめたわ」

胡蓉は、実の母親から、障害者差別の強い中国で邪魔にされずに生きて行くための術《すべ》、つまり「家事をこなし、人に好かれるさりげない気遣いができるような女性」としてのテクニックを小さいころから徹底的に仕込まれていた。食事が終わるころにはぎすぎすした空気は完全に溶けていた。

後で夫が胡蓉に言った。

「おふくろ、君のことを良くできた娘だ、あの子なら大丈夫って、べた褒めだったよ」

胡蓉の仕事も順調だった。子供が三カ月のときに、運転免許をとった。夫が「その足で無理だ」と言ったが、三カ月で免許を取得した。自分の稼ぎで車も買った。結婚三年目にはローンも組んで東京でマンションも買った。引っ越しのとき夫が荷物を新居に運びながら、「君と暮らしていると、本当にいろんなことが目まぐるしく起こるよ。忙しすぎる！」と苦笑いした。でも、胡蓉はまだ立ち止まるつもりはなかった。

「このまま、日本で暮らしていく選択肢もあった。結婚して子供もいて、経済的にゆとりも出てきて、このまま安定していく暮らしもいいかも、と思ったこともあった。多分、夫はそれを望んでいるだろうなあと思っていた。でも、私は、まだ挑戦したいことがあったのよ」

北京に戻って、中国で漫画雑誌をつくりたい。中国の漫画のパイオニアになりたい。

「たぶん、夫にすれば理解不能な願いよね。日本で仕事も順調で、家庭もあって、なぜ中国でまたゼロからやりたいのか、と。だから、最終的に私のわがままを許してくれた夫には感謝してもしきれない」

夫は苦笑いして「あなたは止めようとしても止まらない人だから」と言った。

二〇〇四年に一度、北京に戻って足場を構えようとしたが、それは挫折に終わった。一緒に仕事をしようとした八〇后《バーリンホウ》の漫画家の卵たちとうまく連携できなかった。日本の漫画家のように、若いアシスタントと子弟関係のようになるのは、中国人社会では無理だった。しかし、それで諦めることはしたくなかった。夫ともよく相談して、もう一度再出発する前に、もう一人子供を産むことにした。次の妊娠は前置胎盤で安静のため入院期間が長かった。その入院期間中、胡蓉は頭のなかで北京再進出の構想を一生懸命練っていた。

十分準備と構想を練ってから、二〇〇九年から息子二人を連れて、北京に戻ってきた。夫は日本で単身生活だ。また一から出版社めぐりをして、漫画雑誌発行の企画を持ち込む。一方、Skypeで偶然知り合った日本人個人投資家が、中国初の少年漫画雑誌発行の話に興味を持ってくれた。それら営業回りをすべて、あの不自由な足で行ったのだ。早ければ二〇一一年中に、胡蓉が総編集長を務める中国初の月間少年漫画雑誌を創刊できるかもしれない。

「『少年ジャンプ』みたいな漫画雑誌にしたい。タイトルが悩ましいわ。私は『戦少年』とか勇ましい名前がいいかと思うんだけれど、『ジャンプ』みたいに女の子にも読んでほしいし……」

彼女の未来を語る言葉は尽きることがない。

「あなたは、自分の障害で苦しんだことはないの？」と私は不躾を承知で尋ねてみた。すると、朗らかな笑顔と共にこんな答えが返ってきた。

「大人になって物事を分かってから、今のように足が突然不自由になったら、たぶんマイナス思考になっていたと思う。でも生まれてからずっとこの足で、一度も普通の感じを体験していないから、自分が不幸だとかぜんぜん感じなかった、本当よ。ただ他の人より歩くのが遅いとか、疲れやすいとか、それだけかなあ。あと、ハイヒールとか履いておしゃれできないのは、そりゃあちょっとは悔しいけど、でも、それはそれでいいや、と思った」

「障害というのは考えようよ。力持ちの人と力が弱い人を比べたら、力が弱い人も、力持ちの人の前には障害を持っているといえる。そういうふうに考えれば、人間は誰もが、ちょっとは障害を持っているのよ」

「私、年下のハンサムで性格のいい旦那をゲットしたって、女友達から羨ましがられるのよ。どんな手段使ったの？　ってみんな言うから、『足が悪いおかげかもしれない』と答えるの。みんなびっくりするね。でも、私の足を気にしないで付き合ってくれる人って、ぜったい性格いい人でしょ。足のおかげで、私、性格いい人としか付き合えないわけ」

全国に八千三百万人以上の障害者がいる中国で、胡蓉のように障害をそんなふうに受け入れられる人間がどれだけいるのかは知らない。街を歩けば、あるいは農村部を訪ねれば、障害を持って生まれた者に待ち受けている運命は過酷なものが圧倒的に多い。

しかし、過酷だからこそ、彼女のように圧倒的パワーで、不自由な足で体をゆすりながら急で狭い階段を上り切り、目指すべきところに辿り着こうとするタフな女性が生まれてくるのかもしれない。

「あなたの人生がストーリー漫画みたい。なんで、それを描かないの？」と、私が言うと、「うーん、そういう話も実はきているのよね」と彼女は打ち明けた。

「でも、まだ早いかな」

なぜなら、彼女の人生はこれからも波瀾万丈の盛り上がりを見せるはずだから。

「グッチ・ガール」から「寅女」となりて――全莉

北京市東部のマンションの一室はトラだらけだった。トラの絵、トラの置物、トラのぬいぐるみ……。そして白地に虎柄のパーカーをはおる全莉《チュエンリー》自身、切れ長の目としなやかな身のこなしが、ネコ科の大型動物のように美しい。一九六二年、寅年生まれの美女は中国の希少動物「華南トラの保護」を目的としたＮＰＯ（非営利組織）「中国トラ救済国際基金」（拯救中国虎国際基金）創設者にして理事を務める中国で最も有名な野生動物保護活動家であり、私が初めて会う、本当の意味での中国人セレブリティと言っていいだろう。

日本語のいうところの「セレブ」の定義は、実のところ私もよく分かっていない。だが、たんなる富豪というだけでもなく、美貌やキャリアだけでもなく、洗練度や社会貢献度でも国際的社交界において存在感を放つという意味で、彼女は別格だった。派手な中国人大富豪は珍しくないが、たたずまいの美しい中国人セレブは珍しい。

普段はロンドンが拠点だが、二〇〇七年春、偶然、北京滞在中のタイミングがあい、インタビューできた。

著名投資家のウォーレン・バフェットの息子のバフェット・ジュニアやドイツの指揮者のクリストフ・エッシェンバッハや映画スターのジャッキー・チェンらとの交友関係も知られる社交界の華は、まったく気取ったところもなく、友達同士のような気安さで私を北京市東部の拠点のマンションに迎えいれた。「トラだらけですね」というと、「そうなのよ〜。身の周りのものすべてトラにしたいの！」と白い歯を見せる様子があまりに無邪気で、とても年上と思えなかったのを覚えている。

「トラの保護に役立つことなら、なんでもやるつもりなの。メディアの取材を受けるのも私の務めだから」

政治臭も成り金臭も権力臭もなく七カ国語を話す？

華南トラとは別名、アモイトラともいう中国中南部原産のトラだ。一九六四年の狩猟の記録を最後に野生の華南トラは確認されておらず、動物園で保護・繁殖されている約七十頭をのぞけば、野生種はすでに絶滅したとも、残っていたとしても十頭ぐらいとも言われている。二〇〇七年十月に周正龍なる陝西省の猟師が「偶然とった写真」を公開し、「幻の華南トラ発見」として大ニュースになったが、結局それはポスター写真を使った捏造写真であることがばれ、陝西省林業庁も与《くみ》した華南トラ保護区指定による資金誘致を狙った詐欺行為の疑いをはらんだまま、うやむやに幕引きされた。そういうミソもついている華南トラ保護に彼女は二〇〇〇年から取り組んでいる。華南トラ写真捏造事件で逮捕された猟師・周正龍のあだ名「周老虎」にならって、一部の人が彼女を「全老虎」と呼ぶのは、おそらく、野生動物保護を口実に利権をあさったり、売名行為をする人間への揶揄をこめてだろうが、彼女自身は「私は政治と関係ないところで、夢を追っているだけ。トラ保護プロジェクトに投じているお金だってほとんど自分の懐から出しているわ」という。

実際、目の前にいる彼女からは、中国の成功者たちが漂わせている政治臭も成り金臭も権力臭も感じなかった。

彼女は南アフリカに三百三十平方メートルの土地を買い、絶滅寸前の華南トラを〝留学〟させ、自然環境の中で野生動物のような狩りの仕方を学ばせ、繁殖させるという壮大なプロジェクトを実行している。中国のトラを南アフリカで育てることが、野生動物保護の在り方として正しいかどうかは賛否両論あるものの、その実行力がただものでないことは間違いない。彼女は華南トラ保護の支援拡大にプラスになると思って取材を受けたのだろうが、正直私は、そういう奇想天外な計画を実行するだけの資金力とコネをもつ彼女が何者なのかが知りたくてインタビューを申し込んだ。だから、無邪気にトラ保護を訴える彼女の笑顔に少し後ろめたくも感じた。

全莉は北京市の軍人家庭出身だ。両親ともに軍人で、彼女自身も小さいときは大きくなったら軍人になると思っていた。彼女が十歳のとき母親は部隊から転出して北京市崇文区の文化館の仕事をするようになった。このとき大量に読んだ外国の本が、のちの彼女の好奇心の源となる。また、このころ猫を飼い動物が大好きになった。

成績優秀な彼女は一九八〇年に北京大学英文科に進学した。在学中にベルギー人留学生と恋愛し結婚、八四年、卒業後にベルギーに移住する。

「でも、すぐ離婚しちゃった」

離婚しても帰国はしなかった。困難にあうと燃えるタチだという。ほとんど無一文だった彼女は出世払いを約束して、華僑の知人から五万ドルを借り、ペンシルバニア大学ウォートンスクールに留学、MBAを取得した。借金も二年で返したという。

九〇年からイタリアに渡りファッション業界で働き始めた。彼女はやがて、イタリアの著名ブランド・グッチにヘッドハンティングされ、特許事業の責任者のポジションに就く。美貌と有能さで、業界で「東洋から来たグッチ・ガール」と噂になり、地元紙にも取り上げられるほどだった。

「七カ国語話せるってきいたけれど、本当?」と私がきくと、「七カ語なんて言いすぎよ。仕事で使えるのはせいぜい四カ国語ね、あとは日常会話程度よ」という。

おそろしく頭の回転が速く、語学センスと美意識が高く、努力と挑戦が好きな女性だった。

「そして美しいものが好き」という。

「だからファッション業界は私に向いていたわ。でも野生動物の美しさにはかなわない。特にネコ科の大型動物の美しさには」

私は寅年だからトラのために仕事しなきゃ

困難に挑戦するのが趣味みたいな人だから、仕事に慣れて、順調にことが進むと飽き足らなくなっていったという。ちょうどそのころ、ウォートンスクール時代から付き合いのあった米国人のボーイフレンドがロンドン銀行で働いていた。週末ごとにロンドンに飛んで通っていたが、プロポーズを受けたことをきっかけに、九七年に仕事をやめて、彼と暮らすことを決意する。彼女が申し出た結婚の条件は「猫を飼いたい」だった。まさかこの「猫」が、超大型野生ネコ「華南トラ」になるとは夫君も想像はしていなかったことだろうが。

全莉は次に手がける事業の方向性を迷っている間、夫とともに世界旅行に出かけて見聞を広めることにした。

「そのとき、一番印象に残ったのがザンビアのサファリでライオンを間近に見たこと。ネコ科の大型動物の気高い美しさに心を奪われたわ」

サファリが、現地経済に寄与し動物保護にも役立つということに興味がわいた。タイに行ったときは密猟者に捕獲されたあと、保護されたトラを見た。このトラは人に慣れているとはいえ、全莉を見ても唸ることも威嚇することもなく、リラックスして足元にじゃれてきた。

「知っている？　トラの起源は中国南部なのよ。トラの五つの亜種全部、中国起源よ。私は寅年で、中国人。こうなると何かトラのために仕事しなきゃ、っていう運命を感じるでしょう」

野生動物の保護をしながら経済効果を生むサファリの運営、それが全莉の次なる事業のテーマとなった。

一九九九年に中国国家林業局関係者に、華南トラ保護の計画を相談しに北京にいったん戻った。全莉が当初の資金を出すこともあって、国家林業局側は協力を快諾した。毛皮や漢方薬原料目的の野生動物密猟が国際社会から非難を受けることが多い中国としても、野生動物保護をうたう美貌の中国人セレブは絶好の広告塔でもあった。二〇〇〇年に「国際トラ救済基金」を設立。夫に資金を提供してもらい、南アフリカに土地を買い「トラの谷」と名付けた。ここに中国の動物園で生まれた華南トラの仔を移住させ、捕食訓練などをしながら自然環境の中で育て、繁殖させ、増やしてから華南地域の森林に戻す、というのが全体の計画で二〇〇三年から本格始動した。

もちろん批判もあった。反対の声を上げる急先鋒はWWF（世界自然保護基金）。あのパンダをシンボルにしている組織だ。「華南トラを全く環境の違う南アフリカに移住させることに意味がない。金持ちのお遊びにすぎない」という批判だ。

「WWFのおかげで、寄付金や支援を集めるのが大変だったわ。でも彼らの批判は、要するに自分たち以外がそういう活動をして、支援が他に流れるのが不服なだけよ」

もっとも素人の私が聞いても、それが本当のトラ保護につながるとは思えない、と正直な感想を言うと「でも、檻の中で暮らすよりはいいでしょう。住む場所を人間に奪われたトラたちに、最後に自然の中で過ごさせてやるだけでも、私は意義があると思う。私はトラたちに最後の楽園を与えてやりたいのよ」と言う。

「私たちのやろうとしていることは、結果が出るまでに何十年もかかる気の長い話なのよ」

自己満足かもしれない

華南トラ救済計画は、今のところ三歩進んで二歩下がるようなスピードで進んでいる。二〇〇三年九月、「キャセイ」と「ホープ」と名付けられた華南トラの仔が最初に移住し、〇四年には続いて「マドンナ」「タイガー・ウッズ」と名付けられた仔トラが移住。ホープは肺炎で死んでしまったが、キャセイは適齢期になると、蘇州動物園から借り受けた華南トラとお見合いし、二〇〇七年に一頭、〇八年に二頭の仔トラを出産。マドンナも二〇〇八年に二回出産した。マドンナの産んだ仔トラ二頭は感染症で夭折《ようせつ》するも、華南トラの国外で初出産に成功したことから、彼女の努力を認める人は増え、賛同者や寄付も集まってきている。彼女はブログやメルマガで、トラの成長日記を発信しつづけ、二〇一〇年の寅年にあわせて、『華南トラ日誌』も出版した。仲間と信じていた人に金をだまし取られたことも、トラの捕食訓練が、餌になる動物に対して虐待であると言いがかりをつけられたこともある。

しかし、彼女は、彼女が世界で一番美しいと信じる野生動物のために、人生をかけている。土地・設備投資だけでも累計五百万ドル以上は投入しているが、回収のめどは立っていない。「自己満足かもしれない」と自分でも言う。

海外に出るチャンスを得て、高い学歴を武器に事業を起こすような優秀な中国人材は少なくないけれど、多くはその才能とエネルギーを蓄財と権力との関係強化に傾ける。近代に入ってからもたびたび動乱があり、いざというとき頼れるものが金であり権力とのコネであると、身をもって知っているからこそ、そういう政治的思考を自然と身につけているのだろう。「南アフリカにトラたちの楽園をつくる」という浮世離れした夢を追い続ける彼女は、そういう意味で、中国人らしくない。そもそも、珍味や薬効をもとめて希少動物をたべる習慣のある中国で、希少動物保護に財産を投げうつ発想自体、中国人らしくない。

ひょっとすると、すばらしい才覚とエネルギーをもつ女強人が、ただ美しい生き方、理想を突き詰めようとすれば、それは中国人らしさ、つまり中国人的な政治性を捨てることなのかもしれない。

そして、そんな彼女の努力と関心は、中国の貧困や社会矛盾や官僚腐敗や環境破壊といったひずみをなんとかして改善し祖国をよりよくしていこう、というのではなく、残り少ない愛すべき美しい獣を中国の地から救いだすことに注がれる。

美しい生き物は、今はこの国で命をながらえることができない、ということなのかもしれない。

それはトラにも、女性にも当てはまるような気がしてきた。

第四章　文革世代と八〇后《バーリンホウ》と小皇帝たち

ペンと紙で人を抹殺していた
文革時代を体験した世代と
文革後に生まれ自由に
書けると自負する世代。
両者の「記憶の断絶」を
つなぐものは何なのか……

今の知識人はニセモノよ。本当の知識人はもう亡くなってしまった——章詒和

「北京で私とごはんを食べるときは、大人しくおごられていなさい」

中国の伝統芸能・京劇研究者で作家の章詒和《ジャンイフー》は、私が北京に行くたびに高価なランチをご馳走してくれる。せめて一度くらい答礼にこちらに払わせてほしい、と言っても、彼女は絶対に私が財布を取り出すのを許さない。彼女は長らく中国芸術研究所戯曲研究所に研究員として勤め、六十歳で退職した。今も年金や著述業による収入は少なくはないと思うが、それでもお金が有り余っているというわけではないだろう。若造の分際で私におごろうなんて、十年早いわよ、と言わんばかりの、きっぱりとした態度で言うので、私は早々に諦めて「章大姐、謝謝！」と大人しく、白いテーブルクロスに並ぶご馳走をいただくのだ。中国の年功序列は厳然としている。

彼女は一九四二年、当時国民党政府があった重慶市生まれで、もうすぐ七十歳になるはずだが、髪は薄茶色に染め、肌も手入れが行き届き若々しい。黒を基調とした服装にしても、食事のオーダーセンスひとつとっても、シンプルだが洗練されている。口癖のように「料理のオーダーというのは、ひとつの教養です。料理の注文の仕方をみれば、その人の育ちが分かるわ」という。

彼女の美意識で言えば、これ見よがしに、ふかひれやアワビなどばかりを頼むのは下品。その

店で、本当においしく、洗練された料理を、バランスよく注文する。その場面において、贅沢すぎず、粗末すぎず、相手に失礼にならず、負担にならない、ほどよい量と満足を提供するのが教養だ。

拝金主義が蔓延し、金を持っている人間は金を持っていることを誇示し、金のない人間は、金を持っている人間から金を引き出そうとすることに腐心する、そういう中国社会で、気品や教養、洗練に最上の価値をおく人間はもはや希少だ。だが、昔の知識人・文化人というものは、こういうプライドや品位を空気のように纏《まと》っていた人が多かったのだろう。

彼女はかつて私に「今の知識人はニセモノよ。本当の知識人はもう亡《な》くなってしまった」と、言ったことがあった。

章詒和にとって本物の知識人というのは、父親・章伯鈞《ジャンボージン》氏やその仲間たちのように、天下国家の未来を真剣に語り合い、人民の幸せを願って正しい道をと信じて、信念をもって行動する人たちを指すのだろう。

「天安門事件以降の学生たちは、自分で物を考えようとしない。教えられたことを覚えて繰り返すだけ」「今の若い人は志がない。共産党に与えられた目の前の快楽とちょっとの自由で満足してしまう……」

彼女はしばしば今の中国に関して否定的なことを言い、嘆いてみせる。それはどこの国にも共通した、老いた人の繰り言と言えばそうかもしれないが、彼女の波乱にみちた人生を振り返ると、単に昔を懐かしみ美化しただけの愚痴に終わらない重みがある。

「百花斉放・百家争鳴」にだまされた父

章詒和の父親は章伯鈞、国民党政府の腐敗を嫌って、知識人らによる政治結社・民主同盟を立ち上げたひとりだ。新中国建国に貢献して、初代交通相を務めたこともある政治家であり、民主同盟機関紙光明日報社社長でもあるインテリだった。父親とその周囲の言論人、知識人らは、毎日のように章伯鈞邸で議論を交わし、中国の民主政治についての熱い理想を語り合っていた。早熟で聡明な章詒和は思春期、理想に燃える男たちの姿に少女らしいときめきを覚え、その中心が自分の父であるという誇りを感じ、彼らを尊敬していた。

子供は大人の話を聞いてはいけない、と教えられながらも好奇心にかられて、ドアのガラス越しに聞き耳を立てていると、父親が笑って部屋に招き入れてくれた。特に民主同盟において父親・章伯鈞につぐ地位の羅隆基《ルオロンジー》（初代森林工業相）は、しばしば章邸を訪れ、父親と盛んに議論していた。二人の議論を聞くことが彼女にとっては「知恵の光の束が眼前を横切る感じ」と述懐するほど、刺激的な体験だった。父親より三つ年下の羅隆基は当時有名なプレイボーイだったが、私は彼女の羅隆基について描いた回想の文面から、その尊敬にひょっとすると異性としての憧憬が含まれているのではないかと思って、直接、尋ねたことがあった。彼女は笑って否定していた。

そういった一流の政治家、言論人たちの議論を、彼女は恐ろしいほどの記憶力でこと細かに覚えていた。

中国民主同盟は、一九三九年に結成された愛国人士団体「統一建国同志会」を源流とし、一九四一年に中国民主政団同盟に改名、四四年に改組、改称されて正式成立した。このころは社会主義を擁護する民主派愛国人士団体が次々と設立され、民主諸党派と呼ばれるようになった。民主諸党派は八党・団体あり、その中心が民主同盟だった。彼らは国民党独裁を打倒し、平民政権を打ち立て、平等な社会主義の理想社会を実現していくという共産党の建前を信じ、建国に協力した。一九四九年に国共内戦で勝利を収めた共産党が政権を樹立したとき、共産党は民主諸党派と共闘で社会主義体制を安定させてゆく、とした。

章伯鈞はこの理想を信じ、自らが社長を務める知識人のための新聞・光明日報では、新華社だけでなく外国の通信社を使って報道の自由を実現しようと努力していた。

しかし、建国後、次第に共産党の独裁色が表面化してくる。共産党が掲げる人民民主独裁の本質はセクト主義だった。民主同盟は国民党独裁への抵抗から、共産党の建国を支援したのに、「専横から逃れてまた専横に陥る」という状況に危機感をもっていた。民主同盟がどうやって教条主義に陥らず、共産党に対する監督機能を維持するか、というのは心ある民主同盟メンバーにとっては切実な問題となっていた。

そんなとき一九五六年五月、毛沢東が「百花斉放・百家争鳴」の大衆運動を打ち出した。それは学術、芸術、文化などの方面で違う立場の理論、学説など知識人に忌憚《きたん》のない意見を出してもらうことを歓迎するというものだ。続いて五七年二月二十七日、毛沢東は最高国務会議で、次のような講話を行った。

「今後中国では、政治では〝団結―批判―団結〟を実行する。中国共産党と民主派は〝長期共存、相互監視〟を実行する。科学文化領域では〝百花斉放・百家争鳴〟を実行する」

共産党に言いたいことがあれば、自由に言ってほしい、共産党は批判を受け入れる準備がある、ということだ。この講話は四月、「整風運動の指示」という形で党中央が発表した。

この講話はスターリンの過ち、つまり独裁、個人崇拝、激しすぎる粛清を総括するという建前で行われた。共産党の独裁化を懸念していた章伯鈞がこれを聞いて「社会主義の民主生活スタイルを打ち立てることができる」と興奮していたことを、章詒和は覚えている。

毛沢東の呼びかけに応じて、章伯鈞は「政治設計院」を提言した。人民代表大会（国会に相当）、中国人民政治協商会議（国会の諮問機関）、民主諸党派、人民団体を政治上の四つの設計院として、共産党と政府がこれらと政策上の意見交換をし、問題解決を図るべきだとした。共産党以外の政治団体に政治参与させるということで、社会主義体制下で可能な一種の多党制構想だといっていい。さらに一九五七年六月一日付の光明日報で、章伯鈞が信頼していた総編集長の儲安平《チウアンピン》は「党の天下」と呼ばれる論文を掲載した。

「建国来の数年、党と大衆の関係は好ましくない。この問題のカギは〝党の天下〟という思想問題にある。党が国家を指導することと、党が国家を所有することとは同じではない。我々は党を擁護するが自分たちも国家の主人であることを決して忘れない。政党が政権を勝ち取る重要な目的はその理想を実現し政策を推進することにある」

「現在、全国的な範囲で、部門の大小を問わず、共産党員をトップに据え、何事も共産党員の顔色を窺わねばならないのはやりすぎではないだろうか」

「党外人士は党と歩むことを願っているが、党とともに歩むのは、党の理想が偉大で、政策が正しいからであって、自尊心と国家に対する責任感がないということではない」

「すべて党の天下、という思想は一切のセクト主義現象の究極的な根源であり、党と党外の間に矛盾を作り出している……」

こういった一党独裁批判を展開したのだった。

民主同盟において章伯鈞につぐ地位にあった羅隆基は「平反（再評価）委員会」をつくるべきだと主張した。これは「三反」（汚職・浪費・官僚主義反対）「反革命分子弾圧」など過去の政治運動のなかで冤罪を受けた者たちの名誉回復を検討する委員会で、メンバーは共産党、民主諸党派、民主人士で構成されるのがいい、とした。

これら民主同盟の意見は、当時の知識人たちの強い支持を得ていたが、毛沢東は一九五七年六月八日、「人民日報」紙上で「反右派闘争」の号令をかける。「これはなぜか？」と題された社説である。

さらに、共産党は章伯鈞と羅隆基のことを「章羅同盟」として右派分子の筆頭として批判した。章詒和はこれを振り返って「二人はもともと仲が悪かったから、章羅同盟というのはいいがかり。でも、セットで批判されるようになってから仲良くなったのよ」と、皮肉る。章詒和は父・章伯鈞が「ひどいペテンにあったようなものだ」「老毛（毛沢東）は私ら（民主派）にけちをつけることで国内の問題を解決しようとしている」と怒りをにじませていたことも覚えている。

やがて、民主派人士らは何度も批判闘争会に引きずりだされ、吊しあげられた。この闘争で失脚し、迫害された知識人、文化人、新聞記者らは五十五万人に上るという。辺境の農村に送られ強制労働教養を強いられた〝右派〟たちは、それに続く三年の大飢饉で餓え死の危機にさらされ、続く文化大革命でなぶり殺しにされた。そして今なお、章伯鈞、羅隆基、儲安平を含む五人が、右派のレッテルを貼られたまま、まだ名誉を回復されていない。

父親はじめ民主同盟の志士たちの理想と挫折をめぐる章詒和の思春期の記憶は、その後の長い長い政治動乱の間、何度も繰り返し思い出され深く胸に刻まれた。還暦を機に、彼女はその思い出を書き出し二〇〇三年に『往時並不如煙』（「往時は煙のような幻ではない」邦訳は集広舎刊『嵐を生きた中国知識人』）という本に纏めている。これは出版社の要請で、本来の原稿から政治的な部分二万字を削って出版されたが結局、党中央宣伝部から発禁処分を言い渡された。

話がややそれるが、これに続く二作目『一陣風、留下千古絶唱』、三作目『伶人往時』（邦訳は青弓社刊『京劇俳優の二十世紀』）の著書も発禁処分となった。三作目の著書が発禁になったとき、これまで大人しかった彼女も堪忍袋の緒が切れた。二〇〇七年一月のいわゆる「八大禁書事件」である。

二〇〇七年は反右派闘争から五十周年を数え、またその年の秋には第十七回党大会が北京で開催される、非常に政治的に敏感な年でもあった。一月十一日、中国国家新聞出版総署の鄔書林副署長が会議の席上で章詒和の著書『伶人往時』を含む八作の歴史・ノンフィクション・小説作品について口頭で禁書を指示し、しかも章詒和に対しては名指しで「この本は（いくら政治的表現を削っても）人（著者の章詒和の立場）が悪いから廃書だ」と言い捨てた。これほど大量の一斉禁書は過去にもあまり例がなく、当時は文革以来最悪の言論統制と言われた。彼女にしてみれば、出版社の指示に従い政治的表現を極力削り妥協の末にようやく出版した本なのに、という思いがあった。

彼女はまず香港紙明報宛に公開文書を送った。「鄔先生、あなたに言いたい。私は命がけであなたの重大な違法行為（中国憲法は建前では言論の自由を保障している）に立ち向かう。祝英台（中国民話の悲恋物語のヒロイン）が命をかけて愛を守り貫いたように、私も命がけで〝私の文字〟を守り抜く……」

彼女の公開文書はインターネットを通じて国内外に広く伝わり、国内にも章詒和を支持する作家が名乗り出てきた。海外メディアも援護報道したことから、国家新聞出版総署側も「禁書の指示は出していない」と言い訳をし始めた。章詒和の本は、購入希望者が殺到し、書店はいったん棚から撤去したものの、最終的には〝市場原理〟を優先させる形で平積みにしなおしたほどだった。

父親が右派筆頭のレッテルを貼られ公職を追放されたことで、章詒和の家庭環境は一変した。しかし、それでも大臣まで務めた父親は肉や卵の配給を受け、母親は豆や砂糖の配給を受けていた。京劇を愛し、書画に親しむ文化的暮らしを送ることができた。嵐の中でも文化知識人としての優雅さや品位は失われずにいた。

ただ回想し、悲しむだけなのか

章詒和にとって本当の苦難は、文化大革命以降だろう。文化大革命が始まると、右派筆頭の娘である彼女は反革命罪に問われ文革終了後の七八年までの十年間、投獄された。

最初の五年は茶摘みや材木の伐採など一日十何時間にもおよぶ重労働を課され、獄中で次々と拷問死していく仲間の埋葬もさせられた。飢えと暴力、リンチ、密告の毎日だった。その苦しみの一部を著書『往時並不如煙』の中でも少し触れている。「便所に落ちているもの以外なら、何でも食べた」といい、女性政治犯の中には、トウモロコシの蒸しパン一つのために、他の男の服役囚に体を売るものもいた。そうした悲劇は獄中だけではなかった。

「婦女能頂半辺天」（女性が天の半分を支えている）と毛沢東が説いたとされる逸話を引用して共産党内では男女平等が基本と信じる人も多いけれど、建国当初は若くて美しい女性党員が上層部の命令で上級幹部にむりやり結婚させられ、弄《もてあそ》ばれて捨てられることも少なくなかったという。党のため同志のため、という建前で性奉仕させられる共産党女性党員の話は決して直接語られることはないが、私は間接的にそういう話を耳にしたことがある。そういう女性の中には党を恨み、精神を病んでいる者もいたし、倫理や貞節といった考えを喪失している者もいたらしい。

章詒和は、十数キロの重い籠を担ぎ十二時間も作業する茶摘みの重労働を免除されるかわりに、とある女性政治犯を見張ってその言動を記録する任務を命じられた。章詒和は喜んで引き受けた。目の前の疲労困憊から逃れることだけを考え、自分がペンで記録したものがどう利用されるかまでは考えなかったという。

その女性政治犯は、かつて上級幹部に弄ばれて捨てられたことがある、らしい。心を病んでいて口汚く共産党を罵り、毛沢東を罵倒していた。章詒和の仕事は、彼女を二日ばかり尾行し、その発言を記録することだった。彼女は任務を遂行しその結果、その女性政治犯は銃殺された。彼女を処刑する二発の銃声が聞えた。章詒和は自分にも、その銃弾が命中したように感じたという。「私がペンと紙で殺害したのだと思いました」と著書『往時並不如煙』の中で告白している。

彼女はあまりその過酷な時代や体験を話そうとはしない。私が水を向けても「そんな話よりも食事を楽しみましょう！」という。私は彼女のプライバシー、たとえば恋愛や、役者のように男前であったという夫との短い結婚生活などについて本当はもっと根ほり葉ほり聞きたいのだけれど、やんわりとした壁をつくられ、ときにははっきりと暗い表情をされたので、それ以上言葉を続けることができなかった。「自伝を書かないの？　あなたの自伝が読みたいわ」と言うと「もちろん書くわ。いつか、ね」と言っていた。そして会話は、日本へ観光旅行に行ったときの印象や、坂東玉三郎の歌舞伎の話など、彼女の愛する美しい優雅なものの話に引き戻される。

どれほどの絶望と悲しみと恨みと後悔を経験してきたのか。どれほど醜い人の心を見てきたか。その中に女性ゆえの悲惨さもあったと思う。ただ、それを追求する勇気は私にはなかった。彼女は『往時並不如煙』の前書きでこう語っている。

「ひっそりと静まりかえった夜の世界に座していると、思いがけなくあれこれの暮らしの断片が影のように胸に浮かび、眼からは涙があふれ出す。筆をとれば涙は流れ続け、止めようがなく、病にかかったようになってしまった。なぜなら、一つのありふれた言葉にも常に寒い夜のとめどのないおののきが秘められているからだ。私は、悲しむことができるのも一つの権利であると思う……」

二〇一〇年十一月のある日、久しぶりに章詒和と北京で、いつもの店でいつものように食事したとき、彼女は「今、小説書いているのよ」と打ち明けた。「自伝じゃないの？　小説？」と聞き返すと、「限りなく事実に近い小説かもしれないけれど」と言った。国内で本を出版するには、どうしてもどこかで妥協していかねばならない。いくつもの苦難を乗り越え、闘い抜いてきた今ですら美しく優雅な老婦人だが、もう正面切って挑み、未来を造り替えるほどの力も時間も残っていない。できることといえば回想し、悲しみ、たとえ小説という、ある意味妥協した形でもいいから、国内の若者たちになんらかの思いを伝えていくしかない。ただ、若い世代に、その悲しみの記憶を受け継ぎ、世の中を変えて行こうとする意思はあるのだろうか。

私は今、水の上に這い上がってようやく世界を見た——田原

章詒和を反右派世代、文革世代と呼ぶなら、今の若者世代は八〇后《バーリンホウ》、九〇后《ジウリンホウ》と呼ぶ。一九八〇年代生まれ、九〇年代生まれという意味で、二十一世紀に入って、ようやく成人しはじめた彼ら彼女らは、中国の人口抑制政策・一人っ子政策のもとで生まれ、一九七〇年代生まれの七〇后《チーリンホウ》以前の世代と、思想や価値観が大きく変わったと言われている。

当時北京在住だった翻訳家で友人の泉京鹿を通じて、八〇后の女流作家たちと知り合う機会も多かったが、やはり印象は従来の中国人と違った。一言でいえば、軽く、クール、スマート。そしてどこか現状に満足している、あるいは諦観している、という気が私はしている。

また中国人について、かつては熱くエネルギッシュで生きることに貪欲、という印象を持つことが多かったが、都市部の八〇后には、そういう中国人らしいエネルギッシュなぎらぎらした感じが随分後退しているように感じられた。日本の今時の若者とそう変わらない。八〇后作家作品も、これまでの中国文学のように中国が経験してきた重い近代史の苦悩や現代の社会矛盾に対す

る告発や批判など問題意識がテーマになることは少ない。内向きの私小説や、ライトノベル感覚の恋愛小説、青春小説が多い。

中国文学はこれまで、政治的文学と言われることが多かった。これは芸術（アート）、文化とも共通するのだが、中国文学には時の権力者への批判が盛り込まれている場合が多く、文学批判の陰に権力闘争が見られることもあった。例えば清朝中期に大流行した小説『紅楼夢』の元本となった『石頭記』は第五代雍正帝の政治を批判する暗喩が盛り込まれていた、と言われている。あまりに巧みな暗喩であり、文学作品としても優れているので、乾隆帝時代の事実上の検閲事業である『四庫全書』編纂の総責任者でもあった和珅《フーシエン》は、発禁処分とするのを惜しんで、これに補筆、改編した上、『紅楼夢』として出版した。

近代になってからは、北京市副市長であり歴史学者でもあった呉晗《ウーハン》が書いた新編歴史劇『海瑞罷官』が毛沢東に対する批判であるとした論評が新聞に掲載された背景に、権力闘争があり、文化大革命の序章となった。

作家、小説家、文筆業という存在は、中国において政治的影響力が重視された。彼らはしばしば政治家のように国家の意思を代弁したし、あるいは政治を転覆しかねないと恐れられた。中国共産党が今なお、文学者を恐れ、文学作品の検閲を厳しくし、多くの書籍を発禁処分としているのは、そういうわけだ。老舎《ラオシャ》のように、共産党に迫害されて死んだ作家もいれば、高行健《ガオシンジエン》のように海外に亡命してノーベル文学賞を受賞した作家もいれば、莫言《モーイエン》のようにかつて発禁処分にあいながらも、今の中国の体制となんとか折り合いをつけながら国内で執筆を続ける作家もいるが、みな、なんらかの政治性を担っている。それが中国文学の骨太さや熱さだったとも思う。

政治の香りがしない

ところが八〇后の若手作家というのは、政治の香りがまったくといっていいほどしない。日本でも『上海ベイビー』（文藝春秋刊）などの翻訳本があり多少名前の知られる一九七〇年代生まれの七〇后作家・衛慧《ウェイホイ》が社会や体制に対する若者らしい苛立ちや批判をにじませ、その言葉の過激さで長きに亘って発禁処分となったことを思えば、インターネットを通じて同世代読者を獲得してきた八〇后女流作家作品というのは本当に大人しい文学といえる。たとえばアニー・ベイビー、田原《ティエンユエン》は、若い読者に圧倒的人気を誇るカリスマ的八〇后作家だというが、その作品の多くは政治性でも社会批判性でも過激な性描写でもなく、美しい言葉とレトリックを費やしてひたすら自分の内面風景を表現し、ピュアで繊細、神秘的なひんやりとした文学的雰囲気で、せつない感情に敏感な少女読者を魅了しているように感じた。

田原には一度、インタビューしたことがある。二〇〇九年七月、初の邦訳著書『水の彼方』（講談社刊）のプロモーションに来日したさい、友人宅のホームパーティで出会った。彼女はすっぴんで、シンプルな黒のシャツを着て、身長は百六十五センチほどだが日焼けした手足がすんなり長く、飾り気のなさが逆に、若さとしなやかさと整った顔立ちを引き立てていた。肉卵牛乳など動物性蛋白質を一切とらない徹底したベジタリアンで、チベット仏教を信仰しているという。ピュア、ナチュラル、みずみずしい、神秘的、そういった形容詞がぴったりくる容姿と雰囲気で、それが作品イメージにあっていた。

田原は「小説家と呼ばれるのが一番すき」と言いながら、あどけない笑顔で、パーティ参加者に乞われるまま、著書にサインをしていた。一九八五年、湖北省武漢市生まれの彼女の肩書としては、小説家以外に、歌手、女優がある。

順番としては二〇〇一年、地元のインディーズ系バンド「跳房子（Hopscotch）」のボーカリストとなった。そのときまでは武漢という地方都市の普通の高校生。外国に行ったことはないが、洋楽海賊版テープを擦り切れるほど聴いて覚えた英語はネイティブ並みだった。

翌年、彼女は自分で、英語の曲を作詞作曲して、自分で歌い、その録音テープを芸能プロダクションに送って認められ、『A Wishful Day』でアルバムデビューした。感情を揺さぶる詩と曲をつくった、透明感のある歌声の持ち主が、武漢という内陸部の地方都市の一女子高生であったことは、同世代の中国人のポップス、ロックファンに衝撃を与え、熱狂させた。やがて、無料動画サイトで配信された彼女の歌声と姿を見かけた香港女流映画監督・麥婉欣《ヤンヤン・マク》が一目ぼれして、映画「胡蝶」（二〇〇四年）で、準主役級のレズビアンの少女役に抜擢し、女優デビューした。彼女はこの映画で第二十四回香港電影金像賞・最優秀新人賞を受賞した。

文革世代の傷跡の記憶はない

小説デビューは二〇〇二年『斑馬森林（ゼブラの森林）』だった。成人する前にすでに音楽、映画、文壇と三面六臂の活躍をみせた八〇后の少女について、コアなファンたちは「ミューズ（芸術の女神）」「カリスマ・アーチスト」と称賛した。

実際、会ってみると、ミューズは、きさくに質問に答え、良く笑い喋り、褒められると照れてみせた。一方で自分に与えられた多彩な才能について「私は特別じゃないわ。たぶん、いろんなことに興味をもって、なんでもやっちゃうのは八〇后の女の子の特徴よ」とあっけらかんと言った。

「私、何か一つのことに対して集中して一生懸命になる、というタイプじゃないの。あれも、これも、なんでもやってみたいのよ。小説は私の原点だけれど、表現方法はもっと、多様に変わっていくわ」

彼女の語り口調には、苦労して努力と根性で勝ち取った成功、というような肩肘はった空気はなくて、今の地位に対する執着や勝ち誇った様子も感じられない。突然、彗星のように登場した彼女は、ひょっとしたら、恋愛や結婚など個人的な事件をきっかけに、ふっと引退してしまうような気もした。

彼女の家庭は豊かではなく、両親は普通の勤め人だったというが、幼少期から、娘の望むままにギターやピアノを習わせてくれたという。家にはモーパッサン、ニーチェ、バルザックといった西洋文学の名著があり、あるいは借りてきて、かたっぱしから読んだ。たった一人のわが子に両親の期待が集中するのは一人っ子政策のもとに生まれた八〇后の子供たちの宿命だ。その結果、苦労せずになんでも与えられることに慣れ、わがままでこらえ性のない、欲しいものは何でも手に入れなければ気のすまない「小皇帝」と呼ばれる子供たちの登場が社会問題となる一方で、田原らのように地方にあっても、さほど豊かでなくとも、親から十分な教育機会が与えられ、乾いた土が水を吸うように、感性を育《はぐく》ませてマルチな才能が開花する場合もあるのだろう。そしてインターネットの発達によって、昔なら見過ごされていた地方で生まれた文学もアートも、何かの拍子にあっという間に全国に広がりファンを獲得し、あっという間にミューズやカリスマに祭り上げられることもあるのだ。

彼女の小説『水の彼方』では、恋愛、初体験、妊娠、流産という青春の小事件が描かれている。それは彼女自身あるいは周囲のリアルな地方高校生の姿であり、感傷であり、息苦しさだ。それをネットなど通じて同世代で共有するのが八〇后文学のひとつの路線だろう。それは今のケータイ小説などに夢中になる日本の中高生と変わらない感覚なのだが、反右派や文化大革命や一九八九年の天安門事件を経験した世代には、ものすごく些細な感傷であると、物足りなく感じるかもしれない。

田原が『水の彼方』を書いた動機について、こう語ったことを覚えている。

「中学、高校と私はずっと水底にとらわれていて、水面の向こうにぼんやりした影を眺めて陸の世界を想像していた。私は今、水の上に這い上がってようやく世界を見た。でも、水底にいたときの、あの閉塞感の記憶を忘れたくなくて、昔を思い出しながら書いたのよ」

彼女が水底と表現した閉塞感は、どこの国の若者にも共通した、自分の思い通りにならないことへの苛立ちや、周囲の青春に対する無理解といったものかもしれない。あるいは一人っ子ゆえに受ける過度な期待や、過酷な受験戦争のストレスといった中国的事情もあるかもしれない。同時に、共産党一党独裁の中国独特の厳しい管理社会の要素もあるかもしれない。

では今、そういうものの息苦しさから解放され、水の上にようやく這い上がって、新鮮な目で世界のありようを見回している彼女の瞳に何が映っているのだろう。

私には、彼女が慎重に自分の視野に、政治的な矛盾が入らないようにしているように感じられた。

チベット仏教を信仰している、と言っていたので、二〇〇八年三月にチベット自治区ラサとその周辺で発生したチベット族の騒乱事件、それに続く北京五輪聖火リレーの妨害などについて話題を差し向けたとき、彼女はこのようなことを言った。

「西洋社会は私たち中国人のことを理解していない。チベットの問題は国内の問題なのに、なぜ彼らは中国をあんなに批判するの。それは中国を馬鹿にしているのだと思う。中国人として、そういう西洋社会の偏見には断固抵抗するべきだと思う」

彼女は当時、西洋の偏見報道に抗議する意味で、中国で盛り上がった仏系大手スーパーのカルフールへの不買運動に参加を表明したり、ドイツ・ミュージシャンのマクシミリアン・ヘッカーのライブへのゲスト参加要請を拒否し、そのことをブログで公表もしていた。

彼女らが学校教育を受けたのは、愛国主義教育に特に力を入れた江沢民政権時代であり、その成果としては当たり前なのだろう。だが、流暢な英語を話す多芸で聡明な少女アーチストが、外国人記者の取材を受けて共産党中国の教えどおりの愛国主義的な見解を躊躇もせずに口にするのは、正直、驚きだった。

それが、今の中国社会を心から肯定しての発言なのか、注目をあびるスターとして無難に生きて行くための処世術かはわからない。

ただ、確かに言えるのは、国際的舞台で活躍しようとする八〇后のミューズに、文革世代の傷跡の記憶はない。

一人っ子である身の上に、祖父母らの歴史の物語が凝縮されているのよ——張悦然

田原と同世代の作家の張悦然《ジャンユエラン》は、他の八〇后作家と少し違うかもしれない。自身も八〇后作家とひとくくりにされることに抵抗があるみたいだ。彼女は若手女流作家にしては珍しく、莫言や閻連科《イエンレンクー》といった大御所作家らから可愛がられている。

一九八二年、山東省済南市生まれの張悦然は、濃いまつ毛に縁取られた大きな目とぽってりした唇が印象に残るモード雑誌に出てきそうな美人だった。八〇后女流作家にはなぜか外見の垢ぬけた人が多い。

二〇一〇年四月半ば、初めて北京市東部の建外SOHOのカフェで待ち合わせしたとき、窓際の明るい席で、足を組んで紫煙をくゆらせる姿がまず目に入った。若いながらも、大御所作家たちが認める実力派としての貫禄が、その姿に滲んでいた。実際に目の前で挨拶すると、年相応の愛嬌のある表情で挨拶を返す。待ち合わせに遅れたことを詫びてから、「飲んでいる煙草はなに?」と聞くと、「キャスター・マイルドよ！　これしか吸わないの」とほほ笑んだ。

「七〇后作家、たとえば衛慧や棉棉《ミエンミエン》（徳間書店刊『上海キャンディ』などの邦訳作品がある）といった女流作家は舞台の上で演じて、自分たちを『見て見て』というような作風でしょう。八〇后作家はたぶん、あまり読者を意識していない、読者が喜んでいるかどうかなんて、あまり気に

せずに、書きたいことを書く感じね。七〇后作家よりもっと自由なの」

ドラえもんのポケットにあこがれ

このときのインタビューのテーマは、七〇后作家と八〇后作家の違いについて、どう分析するか、中国の伝統や歴史の影響をどんなふうに受けているか、といった話だった。張悦然は、こういう質問するの、あなただけじゃないわよ、と、答え慣れた感じだった。

「魯迅や五四運動（一九一九年に北京学生が決起した反日示威運動）が私たちの文学に影響を与えたかというとノーよ。中国の伝統的なもの、時代の記憶を受け継いでいるかというと、そういうものを受け継ごうなんて望んでいないの。むしろ八〇后は外来文化の影響の方が大きい。これは絶対よ。私が幼児期の記憶にあるのは、日本のアニメや漫画。ドラえもんのポケットにすごく憧れたわ。思春期に好きになった音楽はテクノよ。太宰治や三島由紀夫の翻訳本を読んで大きくなった……」

しかし、そう言いながらも、自分の創作活動の原点に、幼少期に聞いた父母の記憶、つまり歴史がある、と矛盾したことを言う。

彼女は十四歳から小説を書き、「収穫」や「人民文学」のような文芸誌に発表していたが、本気で作家を目指したのは奨学金でシンガポール国立大学に留学してからだった。母親は娘が小説家みたいな不安定な職業に就くことを求めなかったから、留学先ではコンピューター・プログラミングを専攻した。しかし、理系学部の学生生活によって、好きな文学から切り離され、故郷からも遠く離れたとき、その孤独を癒すには書くことしかない、と感じたという。

「でも、書けば書くほど孤独になったけれどね」

孤独の理由は中国人としてのアイデンティティの不確かさに関係があったのかもしれない、という。

「シンガポールという中国の外の世界に出て、祖国・中国について考えることが多くなったの」

彼女は言う。

「私は、昔から外国から来たものに接することが多かった。アニメ、音楽、小説。私はシンガポールに留学し、海外旅行もいっぱいしたわ。だから、逆に外から中国を見て、中国の成り立ちに興味をもった。日本と中国を比較したりもする。日本には、中国にない文化的民族的によいものが一杯あるわ。日本が今日の日本になったのはどうしてだろうか、中国が日本みたいになれなかったのはどうしてだろうか、そんなことを考えた。中国の若者だけでなく欧米の若者だって、みんな日本の文化に魅了されているわ。日本文化は東方文化のひとつの象徴となった。私から見れば、日本の文化は完成されている。漫画、映画、ファッション、みんな完成されている。でも中国は違う、これはどうして？　と。

ねぇ、あなたは自分の国が好き？　その理由は分かっているわね。では、私たちはなぜ、自分の国の文化より日本文化に魅かれるの？」

張悦然は、そんなふうに考えたとき、幼少期に両親から聞いた昔話を思い出すのだという。

「それは主に文化大革命の思い出だった。吊し上げられたり、自己批判させられたりした経験よ」

張悦然の母方の祖母は満州族の貴族の末裔だったという。母方の祖父は大銀行家だった。つまり資本家階級だ。

父方の家庭は典型的な西洋文化に影響を受けた知識分子。父方の曾祖父はキリスト教徒で米国に留学した経験を持ち、父方の祖父母はともに医師だった。こういう代々の知識分子一族が文化大革命時代に受けた迫害が如何ほどのものだったのか。張悦然は、文革の迫害で精神を病み一日中ブツブツ訳のわからないことを呟く祖母と同じ屋根の下で暮らし成長した、という。

「上の世代は、私たちに歴史のことをあまり話したがらないわ。でも話し出すと本当に悲痛な、悲惨ないろんな物語がある。それを私たちが完全に理解することは不可能よ。でも、考えてみて。中国の家族の概念は以前とずいぶん違う。一人っ子政策のおかげで、子供はたった一人。その一人っ子の私たちの身の上に、祖父母らの多くの歴史の物語が凝縮されているのよ」

その歴史の重さを考えると気が遠くなる。

「たくさん知る必要はないと思うわ。はっきり言って知らない方がいいかも。でも、自分がどこから来たのか、どこへ行くのかを考えるとき、中国の歴史を、父母の記憶を知らずにはいられないのね」

恐れを知らない鋭敏な嗅覚

シンガポール留学中の二〇〇三年に短編集『葵花走失在一八九〇』(一八九〇年のひまわりの失踪)で単行本デビューし、単に恋愛青春小説にとどまらない幻想的な文学表現や思想性が文壇で高く評価され、作家として一本立ちする自信がついた。四年半の留学生活から戻った二〇〇六年には、すでに実力派八〇后女流作家と呼ばれていた彼女は、これから書く作品のために、父母の時代の記憶を辿る取材を始めている。

歴史や政治にさほど興味がなく、与えられた制限つきの自由の中で適応することに慣れた、といわれた八〇后の女流作家たちは、一方で昔の作家たちより自由だと、自分のために書きたいものが書けると自負している。彼女らはまだ、書くことによって迫害を受けることがこの国では、ままあるのだと、身をもっては知らない。

そんな彼女たちが文革世代との間に横たわる記憶の断絶を探りあて、つないでゆくことができる日はくるのだろうか。

もしそうなれば、知識人が中国の政治の行方に影響を与えるという伝統も受け継がれてゆくだろう。私は、八〇后世代の彼女らの恐れを知らない鋭敏な嗅覚や感受性に密かに期待している。

おわりに――『大地』から始まった中国への旅

二〇一〇年四月、北京市北西部に位置する延慶県のとある農村に数え年で百歳になる老婆を訪ねた。私が以前から「童養媳《トンヤンシー》」を経験した人があれば、話を聞いてみたい、と言っていたことを覚えていた友人が、一度訪ねてみたら、と紹介してくれたのだ。「童養媳」とは中国の農村の古い婚姻様式だ。男女が幼いときに親が婚姻を決め、男側の家が幼女を金銭で買い取り、育て上げて成人後に正式に結婚式を挙げる。農家にとって、買い上げた幼女は労働力でもあった。一種の人身売買であり、中国の今の婚姻法ではもちろん禁止されている。ただ法の目の届かない農村では、今もよく似たことがある、という話も聞く。童養媳で嫁いだ人は、どんな思いで夫に仕えたのだろうか、苦労したのだろうか、女としての幸福はあったのだろうか、そんな話を聞いてみたいと思った。

辛亥革命の年に生まれたというその老婆の家に行くと、家族は歓迎してくれたが、オンドルの上にちんまり座った老婆はほとんど口を利かず、私の目を見なかった。二十歳そこその曾孫娘《ひまご》が、なまりが強く聞えにくい老婆の言葉を一番聞き取れるのだといって、〝通訳〟を買って出てくれたが、どんな質問を投げかけても、老婆は、曲がった背をよりこごめるようにして、ダンマりを決め込んでいた。最初、耳が聞えないのか、それとも認知症なのかと思ったが、皺だらけの小さな顔の落ちくぼんだ灰色の目を覗き込むと、「答えるものか」と言わんばかりの強い意志が光っていた。

「おばあさんの過去は、それはそれは辛い思い出がいっぱいだったから、きっと思い出したくないんです」と曾孫娘がすまなそうに言った。老婆は好奇心だけで、個人の歴史を聞き出そうとする無礼な外国人に対し明らかに敵意を見せていた。

家族の話では、いまでも自分の衣類を自分の手で洗濯するくらい健康だという。農村の人特有の暑苦しいくらい愛想のよい家族が口ぐちに説明する分かりにくい話を総合すると、老婆は七歳のときに、人を介して別の村の農家から小麦と交換で引き取られ、十六歳のときに正式に婚姻し翌年に長男を産んだ。今は末の息子の家に暮らしている。というのも末の息子と外に嫁いだ二女以外の子供たちは母親より先に、すでに他界しているからだ。八十歳を過ぎた二女は、認知症になっており、嫁ぎ先で介護されているという。この老婆だけが信じられない生命力で一世紀を生き抜いてきた。

私は、答えてもらえないのを承知でいろいろ質問を続けてみた。

「ご主人はどんな人でしたか？」「結婚生活は幸せでしたか」「幼いときに、両親から引き離されたのは辛くなかったですか……」

老婆は私の方に目を合わせず、灰色の濁った瞳を見開き、空《くう》を見据えていた。曾孫娘が老婆の耳元で「おばあちゃーん」と呼びかけ、一生懸命に私の言葉を繰り返している。

「生きていて一番嬉しかったことは？」

この質問をしたとき、老婆は初めて、むっとしたようにもごもご答えた。「生きていて苦しいことばかりだった、って」と曾孫娘が通訳してくれた。

「何が一番辛かったですか」と私は続けて聞いてみた。

「食べものがなかったのが、一番苦しかったって」と曾孫娘が通訳する。

家族が、老婆の夫は一九六〇年に亡くなった、と教えてくれたのを思い出した。「大躍進」から続く「三年大自然災害」による大飢饉の真っ只中だ。夫は餓死したのだろう。そして、彼女は飢えに耐えて生き抜いた。「俺が十四歳のときだった」とこの家の家長である末の息子が言い添えた。「あの時は土を食った。ほんとうに大変だった」

「土って食べられるんですか？」と私。

「いや、土の中にまじっている草の根っことかをより分ける余裕がないから、土ごと口に入れるんだ……」


私が人生で初めて、中国という国について興味を抱いたのは、小学校六年のとき、パール・バックの小説『大地』を読んだときだった。あの小説の世界の片鱗は、今も中国の農村に行けば、見つけることができる。老婆のもの言わぬ干からびた横顔をみて、『大地』に出てくる最初のヒロイン・阿藍のような寡黙で勤勉で、虐げられながらも信じられないような強さを内に秘めた女たちが、中国という国の根底を支えてきたのだ、と改めて気づかされる。

二〇一〇年、同じころ、北京の都心では、資生堂やDHCといった日本ブランドの化粧品を日常に使い、アフターファイブに、スポーツジムやエステサロンに通う白領小姐《バイリンシャオジエ》（OL）や女子大生が増えている。この数年の間に若い女性はみるみる洗練され、美しくなってきた。モデルでも女優でもない普通の中国人女性ばかりを素人モデルにしたフリーペーパー「北京美女図鑑」も出版された。これは日本で始まった地方の素人美少女モデルを使った人気フリーペーパーのシリーズだが、最初の海外版が二〇一〇年秋から北京で出版されたのだった。女性の美しさが、都市化のバロメーターの一つだとすると、中国の北京や上海の都市化は、そろそろ東京やニューヨークに追いついている、あるいは部分的には追い越す勢いだ。

あの一世紀を生き抜いた老婆の曾孫娘も、農村の素朴な容姿ながら、「私はもう結婚しているけれど、自由恋愛だったわ。童養媳なんて絶対受け入れられない」と現代っ子らしい感想を別れ際に述べていた。過去と現在、かけ離れた価値観や生き方が一つの家庭、一つの都市、一つの国に凝縮されている。中国はそういう国であることが、女性を見つめるだけで分かる。

二〇〇二年から六年半ほど北京に駐在し記者生活を送ったが、振り返れば、深く印象に残っている人たちには女性が圧倒的に多かった。農村の女性、都市の女性。若い女性、老いた女性。不幸をかこつ女性、幸せを勝ち取った女性。貧しい女性、豊かな女性。

女性の生き方や暮らし方に、中国の過去から現在への変化を見て取ることができたし、都市と農村の格差も端的に分かった。女性をめぐる環境の変化は、人口問題や社会問題に直結する。街ゆく女性の身につけているものや関心事から、日中関係の行方や外交問題を論ずることすら、やろうと思えばできるだろう。なのに、新聞記事では彼女たちの物語をあまり書いてこなかった。

たぶん、世の中が求めているのは、政治や社会の客観的なニュースであって、女性のことだけを拾い上げても、読む人もいない、と思っていたのだ。

新聞社を退職したのを機会に、改めて自分の取材の雑多な記憶を纏めようと思い立ったとき、女性を軸に据えて中国を描いてみるのが一番、私らしい試みではないか、という気がした。私の取材経験など、実はふつうの新聞記者ならだれもが体験していることだ。私に特徴があるとしたら、それは赴任当時、新聞記者としては日本人北京駐在記者の中で、最初の女性特派員と呼ばれたことだけだった（一九七〇年代にテレビ朝日の杉本伊津子氏が特派員を務めたことがあるが）。他社もその後まもなく、女性の北京特派員を出し、いまや北京特派員が女性であるということになんら意味も意義もないが、私の場合は、北京という政治の街で女性の視点が何を映し出すか、という、紋切り型の期待が本社から寄せられていた。

そういうものの考え方自体が、女性蔑視だとか時代遅れだとか、言われかねないのだけれど、確かに同じ女性の話に耳を傾けるとき、恐らく男性記者とは全く違う、共感や反感や感慨があったと思う。そういう女の視点で、中国の女たちを描けば、違った方向から浮かび上がってくる中国の姿というものもあるのではないだろうか。

書き始めてみると、この発想どおりのものを纏め上げるのは、なかなか難しい、と気づいた。結局、雑駁な記録と記憶の羅列に終わったような気もする。

ただ私自身は書きながら、あの政治的にも社会的にも自然環境的にも過酷な国で、女性に生まれることは、決して幸福とは言い難いのに、それでもたくましく、体を張って生きて、恋し、子供を産み、戦っている女たちの人生を思い返していた。そして、改めて中国という国のエネルギーの根っこに、女たちの生命力があるのだと思う。彼女らは自分が逆境の中にあっても、未来を語る。それは子供を産む性だからだろう。日本以上に、子供を産むこと、とくに男の子を産むことを女の仕事と考える中国の農村社会では、命がけで命を削っても子供を産んでいた。原則一人しか産んではならないという決まりのなかで、いかに子供を産み、立派に育て上げるかという情熱は、未来を創ろうとする情熱と同じだ。

中国をこれまで創ってきたのも、これから創ってゆくのも、きっとそういう女性の生命力が大きいだろう。「婦女能頂半辺天」の言葉は、確かに真理をついているのだ。

最後に、中国で出会い、私に知らない世界を教え見せてくれた、すべての友人たち、そして赤裸々に自らの物語を語ってくれた女性たちに改めて感謝と敬意をささげたい。原則仮名で慎重に書いたつもりでも、プライバシーが暴かれたり、圧力を受けたりする可能性があるかもしれない。それでもなお、私に色々語り示唆してくれたのは、語り明らかにすることで変わる未来に期待しているからだと思う。その期待に多少でも応えられていることを切に願う。

著者略歴

福島香織（ふくしま　かおり）

ジャーナリスト。1967年奈良市生まれ。大阪大学文学部卒業後、産経新聞社に入社。大阪文化部などを経て上海・復旦大学に語学留学。2001年から産経新聞香港支局長に赴任、02年に香港支局閉局にともない中国総局（北京）に異動。08年まで常駐記者を務めた。帰国後は東京政治部で麻生太郎政権を取材。09年に退職し、中国関連分野でフリーの活動を開始。著書『危ない中国　点撃！』（産経新聞出版）、共著『食の政治学』（同）など。kaokaokaokao@twitter.com（ツィッター）

潜入《せんにゅう》ルポ　中国《ちゅうごく》の女《おんな》
エイズ売春婦《ばいしゅんふ》から大富豪《だいふごう》まで

二〇一一年二月二十五日　第一刷
二〇一一年六月　五　日　第二刷

※定価はカバーに表示してあります

著　者　福《ふく》島《しま》香《か》織《おり》
発行者　飯窪成幸
発行所　株式会社　文藝春秋
東京都千代田区紀尾井町3-23
電話　〇三(三二六五)一二一一
郵便番号　一〇二-八〇〇八
印刷所　精興社
製本所　矢嶋製本

＊万一落丁乱丁の場合は送料当方負担でお取替えいたします。小社製作部宛お送り下さい。

Printed in Japan　ISBN978-4-16-373710-2

文藝春秋の本

中国はなぜ「軍拡」「膨張」「恫喝」をやめないのか

その侵略的構造を解明する

櫻井よしこ・北村稔・国家基本問題研究所 編

虚言と軍事力によって成り立つ中国の「謀《はかりごと》」の構図を見破る知恵を身につけ、中国の妄言に翻弄されない日本になり、日本人の「歴史認識」を深め高めるための一冊。